Wolfgang Longardt

Leben im Jahreskreis

2 Herbst und Winter im Kindergarten

Herder Freiburg · Basel · Wien

Die Textfotos von kreativen Arbeiten aus dem Kindergarten
Blaubeuren-Asch verdanken wir Helga Schlotterbeck, Werner
Wieprecht und Kai Antholz, von dem auch die Einbandfotos
stammen.

Herstellung: Freiburger Graphische Betriebe 1984
ISBN 3-451-20123-2

Inhalt

Zum Einstieg

Ebenso wie der erste Band „Leben im Jahreskreis", der sich mit Frühling und Sommer beschäftigt, wendet sich auch dieses Buch an den Erzieher. Es gilt zunächst wieder, eigene Erfahrungen am Phänomen der Jahreszeiten zu machen, sich neu zu sensibilisieren.

Bei manchen Kindergartenprojekten mag es noch angehen, wenn die Erzieher persönlich etwas distanzierter, sachbezogen arbeiten. Bedenkt man aber, daß unser Verhältnis zur Natur gerade im Industriezeitalter einer tiefen Neubesinnung bedarf, daß auch der Wechsel der Jahreszeiten mit allen Wundern der Verwandlung wieder bewußt wahrgenommen werden sollte, um zu einer inneren Offenheit, zu pflegender Grundhaltung und Verantwortung gegenüber allen anvertrauten Schöpfungselementen zu gelangen, so wird deutlich: Hier müssen zunächst Erzieher umlernen, neu lernen, sich wandeln.

Natur- und Schöpfungsphänomene sind alles andere als nur Sachthemen. Wir dürfen uns in Jahreszeitenrhythmen wieder einleben, wieder den Kreislauf von Werden – Vergehen – Neuwerden bestaunen. So wie frühere Generationen Bäume, Flüsse, Blumen als „beseelt" empfunden haben und darum anders mit ihnen umgegangen sind, so können auch wir eine Umkehr wagen. Schließlich haben alle Kulturen im Sich-Versenken in die Wunder der Schöpfung auch tiefgründige, gleichnishafte Erkenntnis im Blick auf das menschliche Leben gewonnen. Unser oft so erschreckend oberflächlich-eiliges Dahinleben darf sich nicht länger nur in einer Dimension erschöpfen. Andere Dimensionen, die über die meßbare, sichtbare Wirklichkeit hinausgehen, können wieder entdeckt werden.

Aus flüchtigem Sehen kann wieder intensives Schauen werden. Seelische Kräfte, die zu verkümmern drohen, wollen wieder freigelegt und gepflegt werden, z. B. unsere Imaginationskraft, die innere Bildfähigkeit, aber auch unsere Einfühlungs- und Zukunftsphantasie. Stärker als wortreiche Appelle, die alle mit einem „Du sollst …" beginnen, kann ein solcher Weg ganzheitlicher Sensibilisierung Haltungen aufbauen und verändern. Der Planet Erde ist uns anvertraut, damit auch künftige Generationen darauf wohnen können.

Der Leser wird sich in der Gliederung der Kapitel ohne Mühe zurechtfinden. Nach einem knapp gefaßten theoretischen Einleitungskapitel, das von den Chancen immer neues Lernens handelt, werden in 15 Kapiteln Übungen für Erwachsene und Kinder entfaltet. Dies geschieht immer in 4 Schritten:

A) Zur Einstimmung
B) Religiös-biblische Dimension
C) Übungen für Erwachsene
D) Übungen mit Kindern

Der Theorieteil in Kapitel 1 findet in den Praxiskapiteln dadurch vielfältige Ergänzung und Konkretion, daß mitten in die Übungen und Teilthemen viele theoretische Überlegungen eingearbeitet sind. Am konkreten Beispiel läßt sich eher die Brücke vom Theoretischen zum Praktischen verdeutlichen.

Bei der Erschließung des Buches in Eigenarbeit oder innerhalb der Aus- und Fortbildung wird schnell deutlich werden, wie viele Übungen sehr offen und zuweilen nur mit Impulscharakter beschrieben werden. Dem vorschnellen, rezeptartigen Imitieren wird damit vorgebaut. Zunächst steht die Auseinandersetzung des Erziehers mit herbstlichen und winterlichen Phänomenen im Vordergrund, dann kann er persönlich engagiert und innerlich beteiligt auch mit Kindern ähnliche ganzheitliche Lernschritte versuchen. Gemeinsame Lernprozesse werden so vielleicht möglich.

Wolfgang Longardt

1. Von den Chancen immer neuer Lernerfahrungen

1. Lebendigkeit und neuer Lebensstil

Lebenslanges Lernen, Umlernen, Neulernen sind Forderungen unserer Tage, die sowohl für die Berufswelt, als auch für das persönliche Leben gelten.

Freilich lernt man in keiner Lebensphase intensiver und mit stärkerem inneren Antrieb als in den ersten Lebensjahren, doch entstehen heute für alle Altersstufen Lernkonzepte, die bis ins Alter hinein Fähigkeiten wach halten oder neu sensibilisieren wollen.

Diesen unbestritten notwendigen Bemühungen steht aber als Haupthindernis ein verbreiteter Lebensstil entgegen, der durch Reizüberflutung, durch Rastlosigkeit und Hektik sowie durch vordergründigen Aktivismus tiefergehende Lernerfahrungen erschwert. Schon fordern darum Pädagogen, Soziologen, Theologen neue Lebensstile.

Norbert Mette formuliert im Blick auf den Lebensraum des Kindergartens bewußt eine Umorientierung. In der Tat ist eine „Unterbrechung der sich bis in den erzieherischen Alltag einschleichenden Banalisierung des Lebens in ständig mittlerer Gefühls- und Stimmungslage ohne Leidenschaften, Sehnsüchte und Träume"[1] nötig. Mette beklagt unser Verstricktsein in Gleichförmigkeit und

---

[1] Norbert Mette, Voraussetzungen christlicher Elementarerziehung, Patmos-Verlag, Düsseldorf 1983, S. 294.

Gleichgültigkeit und mahnt zu einer Umkehr und Ein-
kehr, die von ihm und Johann Baptist Metz auch als „an-
thropologische Revolution"[2] bezeichnet wird.

Ohne daß sich die Erzieher ändern, ohne daß wir als
Erwachsene wieder zu glaubwürdigeren, menschlich-wa-
chen Lebensstilen finden, die den Einklang zur anvertrauten Schöpfung suchen, wird auch der Lebensraum
Kindergarten immer bedrohlicher in den Sog der Oberflächlichkeit und vordergründigen Eindimensionalität ge-
rissen. Didaktisch-methodische Betriebsamkeit kann
nicht die Partnerschaft durch solche Erzieherpersönlich-
keiten ersetzen, die wirklich ständig an sich arbeiten.

Hier wollen beide Bände „Leben im Jahreskreis" Hilfen
geben, das sozialpädagogische Aktiv-Sein immer wieder
einmal reflektierend, spielend, phantasierend, meditie-
rend bewußt zu unterbrechen, weil solche, die graue Ge-
wohnheit unterbrechende „Inseln", für das Zurückgewin-
nen wirklicher Lebendigkeit wichtig sind. Mette fordert
gerade auch im Blick auf Erzieher und Eltern wieder
„Menschen in ihren Alltag für die Tiefendimension des
Daseins zu sensibilisieren"[3]. Hier brauchen gewiß auch
die Familien über den Kindergarten und über die Elternarbeit manche Hilfen.

2. Unterschiedliche Möglichkeiten des Lernens

Der Spranger-Schüler Heinrich Dietz, der für den deut-
schen Sprachraum zum ersten Mal unterschiedliche Spielarten der Phantasie definiert und beschrieben sowie die
hohe Bedeutung der didaktischen Phantasie herausgear-
beitet hat, verweist darauf, daß wir in uns zweierlei Arten
von Gelerntem entdecken. Zum einen gibt es das sog.
„graue Gelernte", das man nur auf rationalem Wege für

---

[2] Johann Baptist Metz, Jenseits bürgerlicher Religion. Reden über die Zukunft des
Christentums, München/Mainz 1980.
[3] Norbert Mette, a. a. O., S. 290.

eine bestimmte Zeit noch zurückholen bzw. verfügbar haben kann, ehe es zerbröckelt und konturlos versinkt. Zum Glück aber kennt jeder Mensch auch jenes Gelernte, das noch nach Jahren Gestalt hat, weil es, wie Dietz beschreibt, im Prozeß seiner Entstehung, seiner Geburt in uns nachhaltige Spuren hinterlassen hat.[4] Jenes Gelernte, das plastisch verfügbar ist, weil man sich zu seiner Entstehungsgeschichte immer wieder zurücktasten kann, zeichnet sich aber wohl eben dadurch aus, daß es nicht nur den rationalen Bereich, nicht nur die oberen Bewußtseinsschichten erreicht hat, sondern in die Tiefe gegangen ist. Auch Unbewußtes in uns ist da ins Schwingen gekommen.

Über Phänomene der Natur, wie Regenbogen oder Eiszapfen, können wir sachkundige Erklärungen abgeben, aber uns und den Kindern vielleicht zu wenig Muße gönnen, daß tiefere Erfahrungen daran gemacht werden, daß Phantasie daran zu schwingen beginnt. Ein erfahrungsorientiertes Lernen, das Tiefenschichten erreichen und prägen kann, ist heute nötig. Unser seelisches Wahrnehmungsvermögen können wir schlecht auf größeres Tempo hin trainieren. Unsere Seele will ausschwingen, will Dinge verarbeiten. Sie sperrt sich gegen immer neue, schnelle Folgereize.

Wo wir aber als Erwachsene wieder mit Muße das „Sehen" lernen, hingebungsvoll Verwandlungen des Herbstes, des Winters wahrnehmen, da geschieht auch gleichzeitig ein Lernen, das uns verändert.[5]

3. Gestalt wahrnehmen und bewußt machen

In den letzten Jahren tauchten pädagogische Entwürfe auf, die das sog. „situationsorientierte Arbeiten" im Kindergarten fördern wollten. Sowohl die Fortbildung der Er-

---

[4] Heinrich Dietz, Erziehung braucht Phantasie, Ehrenwirth Verlag, München 1965, S. 113.
[5] Man vgl. dazu S. 12 im 1. Band „Leben im Jahreskreis" (Frühling und Sommer)

zieher, deren Arbeitsansätze, als auch der Alltag des
Kindergartens entging dadurch oft nicht der Gefahr einer
ziemlich vordergründigen „Anlaß-Pädagogik", die sich
an plötzlich auftretenden oder an künstlich arrangierten
Situationen ausrichtete. Langsam lösen sich Fortbildner
und Praktiker von diesem punktuellen Wirklichkeitsver-
ständnis. Schließlich hat die Aufnahme, Wirkung und
Verarbeitung einer Situation Beziehung zu vielem Vor-
her-Erlebten. Eine Pädagogik, die in wachem Dialog mit
den anderen Humanwissenschaften steht, muß erkennen,
wie flach oft ein solches „situatives Arbeiten", das ein Ein-
zelgeschehen herausgreift, notwendigerweise geraten
muß. Wer allerdings nur auf trainierbare Hilfen zur Bewältigung bestimmter Vorfälle und Situationen aus ist,
ohne durch den Vordergrund der Wirklichkeit zu stoßen,
ohne etwa die Ur-Bilder in uns oder die Gestalt der bishe-
rigen Biographie ernst zu nehmen, arbeitet mit einem ver-
kürzten pädagogischen Blick und wird dem nicht gerecht,
was wir heute vom Menschen und seinen Tiefenschichten
wissen.

Albert Höfer, der ein Schrittmacher des gestaltpädago-
gischen Denkens ist und auch die ersten Konturen einer
Gestaltkatechetik deutlich gemacht hat, warnt die heutigen Sozialpädagogen, Erzieher und Lehrer vor dem Zer-
stückeln der Lernvorgänge in Teil- und Großcurricula,
bei denen dann erst am Ende der Versuch gemacht wird,
alles zusammenzusetzen. Künstlich hergestellte, nachträglich arrangierte didaktische Einheiten mit Strukturgit-
tern, das ist in der Tat in Mode gekommen. Höfer meint,
daß er hinter diesen Gittern nicht sitzen möchte, denn „es
hat praktische Konsequenzen, ob von einer einheitlichen
Gestaltkonzeption und Gestaltvorstellung oder von einem curricularen Modell ausgegangen wird."[6]

Es entspricht dem ganzheitlichen, gestaltpädagogi-
schen Ansatz dieser zwei Bände, daß hier eben nicht
gleich vom Anlaß, etwa eines Erntedankfestes oder einer

---

[6] Albert Höfer, Spuren der Ganzheit. Pfeiffer Verlag, München 1982, S. 73/74.

bevorstehenden Martins-Feier, rasch zum Handlungspro-
gramm mit Kindern fortgeschritten wird, sondern daß
Phänomene wahrgenommen und bewußt gemacht werden wie „Empfangen und Teilen" oder „Sieben und Sichten". Dem Erzieher kann dabei über seine augenblickliche
Situation hinaus existenziell manch neuer eigen-biogra-
phischer Zusammenhang aufgehen. Es könnte hier und
da gelingen – wenn man sich für die Erwachsenenübungen im kleinen regionalen Fortbildungszirkel oder im ört-
lichen Kindergartenteam wirklich Zeit nimmt –, die
biographische Gestalt als Ganzheit zu lesen oder sie gar
zu „schauen". Man könnte sich beispielsweise vor seinem
inneren Auge vorstellen, könnte „imaginieren", welche
Hände einem von Kindheitstagen an Liebe und Halt gegeben haben, welche Hände einem nach und nach mehr
Mut, mehr Wärme haben zufließen lassen, und daß man
selbst der Empfangende war. Nur was wir empfangen haben, das können wir weiter austeilen.

Ein großräumiger Blick, eine Zusammenschau, können
möglich werden, die punktueller Betrachtung dessen, was
man nur jetzt vor Augen sieht, überlegen sind.

Solche gestaltpädogogisch-inspirierten Übungen sind
heute in der Fortbildungspraxis noch recht selten, aber sie
werden sich ausbreiten, denn die Bedeutung der Ganzheit
unserer seelischen Kräfte tritt wieder in das Bewußtsein
der Pädagogik. Unser Schau- und Imaginationsvermögen
läßt aus Vergangenheit – und oft sollte ein Erzieher bei
seinen Kindheitsbildern wieder einkehren – aus Gegenwart und erhoffter Zukunft ein Ganzes werden.

Die Lebensgeschichte des Erziehers darf nicht mehr
länger zugunsten rascher sozialpädagogischer Hand-
lungsanweisungen beiseite geschoben werden. Gelegentlich hat das z. B. in Fortbildungskonzepten wie etwa dem
sog. „religionspädagogischen Förderprogramm"[7] schon

---

[7] Siehe vor allem in Heft 3: Situationsansatz und Religionspädagogik des religionspädagogischen Förderprogramms, herausgegeben vom Comenius-Institut,
Münster.

in kleinen Ansätzen Niederschlag gefunden, aber eben noch in starker Überschätzung der Möglichkeiten verbalen Austausches und unter Betonung vor allem kognitiver Möglichkeiten. Tiefenpsychologische und gestaltpädagogische Dimensionen wollen ernster genommen werden, auch die Ergebnisse etwa der Dietz'schen Phantasieforschung.[8]

Freilich gehört zum wirklichen Wahrnehmen etwa der Gestalt einer großen Blutbuche[9], wie sie Albert Höfer beschreibt, Zeit, Muße und Konzentration. Da gibt es Sichtbares an einem Baum und Unsichtbares im Erdboden, doch die ganze Gestalt können wir imaginieren, die Ganzheit eines Baumes und viele Details. Später genügen vielleicht einige Blätter, um die Gestalt des Baumes vor dem inneren Auge wieder lebendig zu haben. Viele Phantasie- und Imaginationsübungen ähnlicher Art werden in diesem Buch zunächst den Erziehern und dann den Kindern zugetraut. Doch das intensive Wahrnehmen, bei dem das Schauen eine intensivere Weise des Sehens beschreibt, ist nur ein erster Schritt. Damit diese Gestaltwahrnehmung nicht nur unsere Fähigkeit zum Staunen erhöht, unsere Haltung gegenüber allem, was wächst und blüht, verändert und uns vielleicht im Blick auf unsere Gemütskräfte und unser ästhetisches Empfinden bereichert, ist ein Weiteres geboten: Das Bewußtmachen der wahrgenommenen Gestalt im Blick auf das eigene Leben. Alle Kulturen haben in den Formen und Abläufen der Natur Sinnbilder und Gleichnisse der menschlichen Existenz erkannt.

Es lohnt schon, sich als Erwachsener zu fragen, wo die Wurzeln der eigenen Persönlichkeit, wo die wirklichen inneren Kraftquellen liegen, woher wir Hoffnungsbilder nehmen, was wir lernen dürfen zu sichten, zu sieben und loszulassen. Was man nicht mehr halten kann, soll man

---

[8] Heinrich Dietz, a. a. O. (Kapitel 2: Phantasie in ihren Spielarten als „scientia intuitiva").
[9] Albert Höfer, a. a. O., S. 14/15.

loslassen. Solche Weisheiten aus Märchen und Bibel sind
wahrnehmbar und sich gleichnishaft bewußt zu machen in
einer sensiblen Offenheit gegenüber dem vielschichtigen
Wandel in Schöpfung und Jahreslauf.

Weil dieses Buch nicht wertneutraler Haltung das Wort
reden will, sondern Wege zu eigenem religiösen Neuori-
entieren öffnen will, damit die Wert- und Hoffnungsvor-
stellungen sowie die unser Leben bindenden und tragen-
den Dinge nicht weiter tabuisiert, sondern auch deutlicher
gelebt werden können, deshalb enthält jedes Kapitel auch
einige Absätze, die überschrieben sind: „Religiös-biblische Dimension".

4. Die Seele lebt in Bildern und von Bildern

Die Zahl seelisch kranker und seelisch verkümmerter
Menschen steigt. Nach Helmut Barz[10] gehen viele Menschen heute nur noch „mit einem Torso ihrer Seele um",
ohne etwas ihrer inneren Bildwelt oder dem Verlangen
nach ruhiger seelischer Tiefenverarbeitung Rechnung zu
tragen. Bedenkt man die wachsende Bildüberflutung
durch Video und Fernsehen, durch Film und Illustrierte
usw., dann drängt sich die Frage auf, wie viele Bilder ein
Mensch unbeschadet überhaupt aufnehmen kann? Die
Gefahr für uns und unsere Kinder wird langsam erkannt.
Noch nie war eine Kindergeneration so belastet durch
Bildeindrücke, zu deren innerer Verarbeitung man keine
Zeit läßt. In der Tat muß die Umkehr hier zunächst bei
den Erwachsenen beginnen. Dietz konstatiert: „Das Da-
hinflottieren in Bild-Welten ist heute ein Merkmal vieler
Bildsüchtiger".[11] Ganz gewiß verstärkt die Bilderflut das
ohnehin bedenkliche Unruhepotential in uns, so umstrit-
ten auch heute noch die Frage der Wirkung gewalttätiger

---

[10] Helmut Barz, Glaube und Selbsterfahrung, Kreuz-Verlag, Stuttgart 1973,
S. 153/154.
[11] Heinrich Dietz, a. a. O., S. 122.

Bilder sein mag. Zum Aufarbeiten der vielen Bildreize ist die Familie ganz gewiß überlastet. Hier werden unsere Kindergärten in Zukunft eine Schwerpunktaufgabe finden. Die Seh- und Schaufähigkeit darf nicht abstumpfen! Neben den Tausenden von huschenden Bildern müssen wir ruhige, „stehende" setzen, die lange anzuschauen lohnt. Bilder einer Blume, eines Baumes, einer Eisblume, eines Regenbogens, Fotos alternder Hände usw., mit Muße entdeckt und immer wieder wahrgenommen, können Sehfähigkeiten pflegen. Das Meditieren von Fußbodenbildern und Symbolen, wie es nun wieder in Kindergartenmorgenkreisen in Gang kommt[12], ist eine große Hilfe: Für Augenblicke zieht Ruhe in den Kindergarten ein. Man spürt, wie hier ein tiefes Bedürfnis der Kinder gestillt wird. Dazu müßten Übungen zum Lauschen auf leise Dinge praktiziert werden. Gegen den Hang zur Oberflächlichkeit sollte heute eine Erziehung im Kindergarten treten, die „hingabeorientiert und erlebnisverwurzelt ist"[13]. Ein um sein Leben kämpfender Baum muß uns wieder anrühren, zuerst uns Erwachsene, dann die Kinder. Besonders im Raum einer in das pädagogische Gesamtkonzept integrierten religiösen Früherziehung brauchen wir phantasiepflegende Kommunikation zu allem, was lebt, zu allem, was uns anvertraut ist. Haben wir doch inzwischen gelernt, daß religiöse Erfahrungsbereitschaft an eine allgemeine Bereitschaft zu innerer Erfahrung gebunden ist.[14]

Die Erzieher müssen sich fragen lassen, ob sie ihre Verantwortung für die äußere und innere Bildwelt der Kinder erkennen.

---

[12] Siehe in: So machen wir es immer. Formen des Zusammenlebens im Kindergarten, hrsg. von W. Longardt (Reihe GTB-Kindergarten Nr. 662).
[13] Siehe Norbert Mette, a. a. O., S. 300. Dort referiert er zusammenfassend Bernhard Groms Forderungen.
[14] Siehe ebd., S. 298, und Bernhard Grom, Religionspädagogische Psychologie des Kleinkind-, Schul- und Jugendalters, Düsseldorf/Göttingen 1981.

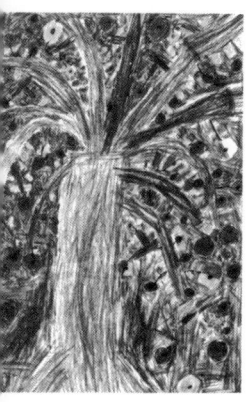

2. Vom Jahresbaum und Hoffnungsbaum

A. Zur Einstimmung

Bäume sind Lebenssymbole, Zeichen der Hoffnung. So schmücken wir Maibäume, Erntebäume, Christbäume, Paradiesbäume. Um den Baum herum sammeln sich Feiernde. Das Zeichen des Baumes, der hoch aufragt, der dem Licht sich entgegenstreckt, wird von vielen Menschen verstanden. Freilich wissen wir, wenn wir mit einem Baum auch unsere Hoffnungen gleichsetzen, daß selbst die Bäume „nicht in den Himmel wachsen". Aber sie wachsen immerhin, sie durchstehen Stürme, sie bringen Frucht. Auch sind Bäume Zeichen des Wandels. In jeder Jahreszeit tragen vor allem die Laubbäume ein „anderes Kleid". Frühling, Sommer, Herbst und Winter können wir an ihnen ablesen, ebenso die beständige Wiederkehr des Jahreskreislaufes. Inmitten vieler Unsicherheiten und Unbeständigkeiten ist es verständlich, wenn Menschen sich zu den Festen, den „herausgehobenen Tagen" um einen geschmückten Baum scharen. Es zeigt allerdings den Grad der Gefährdung unserer gesamten heutigen Existenz, wenn wir nun auch schon um die Bäume bangen müssen ...

B. Religiös-biblische Dimension

Was hoch aufragt, wurde seit Urzeiten zum kultischen Symbol, zum Mittelpunkt: Berge und Bäume. Stammeszusammenkünfte, Rechtsprechung und Feier fanden hier ihren Ort. Bestimmte Baumarten wurden besonders verehrt. In unserem Kulturkreis war es die Eiche, im alten Israel die Zeder.

Als Hoffnung auf eine bessere Welt schmückte man im ausgehenden Mittelalter Paradiesbäume. Wenn wir heute die vielfältigen, geheimen Wurzeln des Weihnachtsbaumes ergründen, gehören neben dem nordischen Lichterritus auch die Paradiesbaum-Traditionen dazu. Schließlich hat das Weihnachtsfest im altchristlichen Verständnis noch viele Beziehungen zum Paradies: Nach dem Sündenfall wurden die Menschen daraus vertrieben, und ein Engel bewachte den Eingang des Gartens. Zum Christfest aber ertönt das alte Lied: „Heut schließt er wieder auf die Tür zum schönen Paradeis." Jahrhundertelang hieß der Weihnachtstag deshalb auch „Adam-und-Eva-Tag". Weihnachtsbaumständer früherer Generationen hatten deshalb um den gußeisernen Fuß einen kleinen Zaun mit einer Tür. Man baute dort unter dem Christbaum einen Paradiesgarten auf.

Heute schmücken manche Familien ihren Christbaum noch mit einem Paradiesvogel oder Paradiesapfel, ohne den althergebrachten Sinn zu kennen. Nach dem Lebensbaum im alten verlorenen Paradies schaut man nun auf einen neuen Hoffnungsbaum und schmückt ihn mit Symbolen einer besseren Welt: Licht gegen die Angst, Glocken des Friedens gegen den Krieg, Kugeln der Vollkommenheit gegen unsere Unvollkommenheit und Halbheit, Sterne gegen Hoffnungslosigkeit usw.[1]

---

[1] Auf sehr einfache, auch Kindern und ihren Eltern zu vermittelnde Weise findet man die Symbolik des Christbaumes in der Mappe „Weihnachten entdecken" (Christophorus- und E. Kaufmann-Verlag, hrsg. von Wolfgang Longardt) erklärt. In einem Spiellied, das Mittelpunkt einer vorweihnachtlichen Feier sein kann, werden dort alle Hoffnungszeichen dieses Baumes besungen, der aber ein vorweggenommenes Zeichen der neuen Welt Gottes sein will.

Aus der Wurzel Jesse, aus dem Stamm Davids sprießt
etwas Neues: Jesus wird geboren. Als Erwachsener sagt
Jesus viele zeichenhafte Dinge vom Baum. Sein neues
Reich der Liebe, der Hoffnung, des Glaubens soll wachsen wie ein Baum. Menschen dürfen bei Gott wohnen, wie
es die Vögel im Baum tun. Und Jesus redet von den Früchten der Bäume und vergleicht sie mit den Früchten der
Menschen.

Vor allen Symbolbäumen ist immerhin der Lichter-
baum zur Weihnacht nun schon fest in den Kirchen behei-
matet, während andere Wunsch- und Hoffnungsbäume,
die wir zum Maibeginn oder zum Erntedankfest schmük-
ken, noch stark im säkularen Bereich verankert geblieben
ist.

C. Übungen für Erwachsene

I. Weiß man, was es bedeuten soll? Wir hängen sinnverdichte-
ten Zeichen, über den Vordergrund hinausweisende Symbole
an unsere Festbäume. Mit einiger Phantasie kann man am
Christbaum wieder „entschlüsseln", was etwa die Nüsse daran
bedeuten könnten. Wie alle Nahrungsmittel sind sie zunächst
Hoffnungszeichen für eine neue Welt ohne Hunger, aber gerade
in der Nuß steckt noch mehr an Bedeutungstiefe.

In einem vielleicht vorweihnachtlichen Mitarbeitergespräch
kann man einmal darüber nachdenken. Eine Spur liegt darin,
daß Gott uns im Leben so manches verhüllt. Wir kommen nicht
so leicht an den Kern, wir knacken lange daran ...

Aber auch das Lichtsymbol der Kerze ist vielschichtig, und es
lohnt, einmal möglichst viele Bedeutungen im Gespräch zusam-
menzutragen.

II. Unser Wunsch- und Hoffnungsbaum für die Kindergartenar-
beit: In einem Zettelspiel kann man sich im Mitarbeiterraum einen Baum nicht nur mit Lichtern, Vollkommenheitskugeln sowie
mit Hoffnungssternen schmücken, sondern auch mit kleinen
bunten Zetteln, auf die man seine Hoffnungen und Wünsche für
die Arbeit im neuen Jahr schreibt. Von Mitarbeiter zu Mitarbeiter, von Partner zu Partner hat man gewiß Wünsche, aber womöglich auch Hoffnungen im Blick auf die zu verbessernde
Kooperation mit den Eltern oder mit der Grundschule. Vielleicht
stellt man auch zwei Bäumchen auf und beschriftet sie nach
und nach. An einen hängt man beschriftete Zettel mit dankbar

erinnerten schönen Erfahrungen des alten Jahres, an den anderen die noch unerfüllten Dinge.

III. Das Lied vom Hoffnungsbaum: Die Zettelspiele mit den von Kindergartenmitarbeitern oder auch von Eltern notierten erfüllten und unerfüllten Dingen, die in einem gemeinsamen Baumbehängen enden, können noch eine religiöse Vertiefung im Lied vom Hoffnungsbaum erfahren. Das an Phantasiebildern reiche Lied lockt zur tänzerischen Gestaltung. Auch Hortkinder werden gern für dieses Lied eigene Tanzformen erfinden.

D. Übungen mit Kindern

I. Der Vierjahreszeitenbaum
An das gebastelte Grundgerüst eines Baumes hängen wir als Schmuck nicht nur die Kennzeichen einer Jahreszeit, sondern wir geben dem Frühling, dem Sommer, dem Herbst und dem Winter jeweils ein Baumviertel. So kann dieser Phantasiebaum, den wir mit den Kindern schmücken und gestalten, den Ablauf des ganzen Jahres zeigen.

Ist das Ganze ein Projekt etwa zum Erntedankfest, so wird natürlich alles hinmünden in die Erntezeit und den fruchtreichen Herbst.[2] In Kindergärten mit vier Gruppen empfiehlt es sich, daß jede Gruppe eine Jahreszeit gestaltet. Gewiß findet man auch typische Lieder für jede Jahreszeit und ein Danklied für die Früchte des Baumes im Herbst.

Eine lustige Variante könnte darin bestehen, daß wir an einen Bastelbaum jahreszeitlich typische Kleidungsstücke und Spielsachen hängen, für den Winter vielleicht dicke Handschuhe, Schal und Pudelmütze oder auch Schlittschuhe u. ä.

Ergänzungsvorschlag: Vor einem mit gebastelten Knospen, Blättern, Blüten und Früchten geschmückten Jahreszeitenbaum kann als Element integrierter religiöser Erziehung nun das große Versprechen Gottes erläutert und bestaunt werden: „Solange diese Erde steht, soll nicht aufhören Saat und Ernte, Frost und Hitze, Sommer und Winter, Tag und Nacht." Am Ende der Geschichte von der Sintflut findet man in 1 Mose 8,22 dieses Versprechen Gottes. In einem verläßlichen, beständig kreisenden Rhythmus vollzieht sich in Gottes Schöpfung der Wechsel der Jahreszeiten und der von Tag und Nacht. Vielleicht erfinden die Kinder dafür anläßlich des Erntedankfestes einmal kleine Dankgebete.

---

[2] Das Baum-Motiv taucht auch in Zusammenhang mit dem Erntedankfest nochmals am Schluß von Kap. 4 auf (Danken für das Empfangene).

Lied vom Hoffnungsbaum   Text: Kurt Rose   *Melodie: Lele Jöcker

2. Kommt, wir pflanzen den Hoffnungsbaum!
   Kommt! Kommt! Kommt!
   Die Äste, die Zweige, das sind Gespräch und Gebete –
   die treiben, die steigen gegen den Wirrwind, die Angst.
   Der Baum, der ...
3. Kommt, wir pflanzen den Hoffnungsbaum!
   Kommt! Kommt! Kommt!
   Die Blüten, die Blätter, das sind unser Lachen und Lieder –
   die blühen, die grünen gegen den Nachtwind, die Angst.
   Der Baum, der ...

Auf MC „Heut ist ein Tag, an dem ich singen kann". Kinderlieder 1, MOD (Menschenkinder) Verlag, 44 Münster/Hiltrop, Am Hagen 5.

II. Erntedank-Spiellied vom Baum im Jahr[3]

Text und Melodie: Wolfgang Longardt

Refrain:

An ei – nem Baum, du glaubst es kaum, da

gibt es viel zu se – hen!

1. Wie das Jahr im Kreise geht, ihr an unserm Baumspiel seht.

folgt Refrain

Erntezeit ist hier, dankbar singen wir.

2. Einen Baum, er ist noch klein,
   pflanzen wir im Garten ein.
   Kommt nun alle mit, kommt nun alle mit.

3. Schmetterling und kleine Bienen
   sind im Frühling auch erschienen,
   suchen Honig hier, suchen Honig hier.

4. Unter seinem Blätterhaus,
   ruh'n sich Mensch und Tierlein aus,
   finden Schatten hier, finden Schatten hier.

5. Viele Früchte, dicke, süße,
   Äpfel, Birnen, Pflaumen, Nüsse,
   und noch vieles mehr gibt im Herbst er her.

6. Unser Baum trägt Äpfel schwer,
   darum holt die Leiter her,
   ernten wollen wir, ernten wollen wir.

---

[3] Im „Spielbuch Religion", Bd. 2 (W. Longardt, Verlage Benziger und E. Kaufmann), findet man auf die gleiche Baum-Melodie viele Strophen von den Tieren, die im Baum wohnen. Diese Strophen locken zum pantomimisch-tänzerischen Spiel.

3. Vom Sieben und Sichten

Wer umzieht und die Inhalte von Schubfächern ordnet, der kennt die Überlegung: Was ist wertlos und kann weggeworfen, was hat bleibenden Wert und soll darum aufbewahrt werden? Freilich kommt es bei solchem Sichten auf die Maßstäbe an. Zuweilen wird man überlegen, ist es wert, daß ich's behalte? Bei anderen Dingen dagegen kommen keine Zweifel auf: Selbst bei kritischster Durchsicht ist dies wertvoll und erinnerungsträchtig.

Doch nicht nur beim Umziehen und Schubfach-Sichten stellen sich wertende Überlegungen, vielleicht auch bei der Ernte im eigenen Garten. Man sortiert Früchte aus, die weniger Qualität haben, manches wird handverlesen, damit sich die wirlich makellose Ernte dann aufbewahren läßt.

In der Küche erscheint es geradezu unerläßlich, zu sieben. Die Geräte dazu haben unterschiedlich große Sieblöcher. Zuweilen will man das Endprodukt aufs Feinste durchsieben, und dann hat man es unter dem Sieb, im anderen Fall ist es das Ziel, Unbrauchbares möge durch die Löcher fallen und das gewünschte Endprodukt bleibt oben im Sieb. Immer sind es aber Trennungsvorgänge, Größen und Qualitäten werden von einander geschieden.

Im Rückblick auf ein Arbeitsjahr oder auf einen zu Ende gehenden Zeitabschnitt pflegen wir ebenfalls Ereignisse auf ihre Wichtigkeit hin zu beachten: Was war entscheidend, was hat sich gelohnt und was kann man dagegen getrost vergessen. In der Rückschau sichten wir so manches Mal, und dies ist gut so. Klärende und wertende Prozesse sind nötig, im persönlichen Bereich wie im Berufsleben. Das Sichten und Sieben hat viele Aspekte. Man denke auch an Prüfungsvorgänge, an Ausleseverfahren, bei denen mit hohen Ansprüchen vorgegangen wird. Wer „durchfällt", den trifft es hart.

B. Religiös-biblische Dimension

Wer möchte schon bei Ausleseprozessen durchfallen. Wer bei solchen Prüfungen den kürzeren zieht, der klagt über die strengen Maßstäbe, über das harte Aussieben. Die Frage nach dem Wert des einzelnen taucht auf. Menschliche Maßstäbe können unbarmherzig hart sein. In der Bibel lesen wir von Gottes ganz anderen Maßstäben. Wer lebt, ist vor Gott viel wert. Mit den Augen der Liebe „sichtet" Gott. Mit Barmherzigkeit, aber auch mit großer Sorgfalt wertet er. Der Prophet Amos vergleicht Gottes Prüfen, Sichten und „Für-Wert-Befinden" mit dem früher praktizierten, sorgsamen Sichten des Weizens. Spreu (also das Wertlose) wird vom Guten getrennt. (Man lese dazu Amos 9.) Ein altes Kirchenlied formuliert den religiösen Lernprozeß des Menschen, der ein wenig mit Gottes Augen das Werten lernen will so:

„Daß uns werde klein das Kleine
und das Große groß erscheine ..."

Für den Umgang von Mensch zu Mensch und unsere Neigung zu vorschnellem Urteil mahnt uns das Neue Testament: „Richtet nicht, auf daß ihr nicht gerichtet werdet" (Matth. 7, 1), und Jesus sagt zu denen, die selbstherrlich andere wegen ihrer Schuld ausstoßen („aussieben") wollen: „Wer unter euch ohne Schuld ist, der werfe den ersten Stein" (Joh. 8, 7).

C. Übungen für Erwachsene

a) Definitionsspiel vom Sieb: Im Mitarbeiterkreis könnte man
einmal folgendes Spiel versuchen: Wer kann in höchstens zwölf
Worten aufschreiben: „Was ist ein Sieb und wozu dient es?" –
Man wird merken, wie schwer das ist und wie man dies in vollem
Sinn kaum ausformulieren kann.

b) Fotospiel: Mit den Fotos eines Kindergartenjahrganges lohnt
es sich einmal zu überlegen, welche wichtigen Erfahrungen
habe ich mit dieser Gruppe oder mit einzelnen Kindern im letzten Jahr gemacht. (Manches Ereignis, das erst für so wichtig
gehalten wurde und das Staub aufgewirbelt hat, erscheint im
Nachhinein klein, und anderes dagegen viel wichtiger, wertvol-
ler, prägender.)

c) Gespräch von drei Sieben: Im gesamten Mitarbeiterteam
wäre ein rückblickendes Sichtungsvorhaben über das letzte
Kindergartenjahr nützlich. Als optische Hilfe und Denkanstoß
sollte man dazu drei Siebe unterschiedlicher Größe auf den
Tisch legen. Ob man die wirklich ertragreichen Erfahrungen gemeinsam heraussieben kann? Veilleicht ist dem einen wichtig,
was dem anderen gar nichts bedeutet. Für Lernprozesse im
Team, für die Gestaltung der Gesamtarbeit sind aber gemeinsame Wertungsmaßstäbe. In welcher Sicht sieht man jetzt manche Auseinandersetzung, manche Elternbegegnung? Es wäre
schade, begönne man einen neuen Arbeitsabschitt im Kindergarten, ohne rückblickend sich gemeinsam Zeit zu nehmen, das
Kleine vom Kleinen, das Große vom Großen zu trennen. Ein solches Mut machendes Sichten und Sieben in partnerschaftlich
offenen Gespräch kann Weichen stellen für zukünftige Lernprozesse.

Aus der Fortbildungspraxis kommt folgender kleiner *Bericht-
ausschnitt:*

„Dieses Seminar zum Thema „Ein Kindergartenjahr in der Rückschau" hat mir so etwas wie neue Augen gegeben. Wichtig sind
oft gar nicht die spektakulären Ereignisse, sondern die leisen
Dinge, manches was an Vertrauen ganz allmählich gewachsen
ist. Es ist hilfreich, im Kollegengespräch nach dem wirklich
Wichtigen im Nachhinein zu fragen. Das andere kann ruhig
durchs Sieb durchfallen. Es ist schon viel Gutes, Bleibendes in
jedem Arbeitsjahr.
   Ein Vergleich des Seminars beschäftigte mich noch lange:
Beim Sieben in Küche und Garten geht es nicht ohne Druck und
nicht ohne Erschütterung – dies gilt auch für Klärungsprozesse
im eigenen Leben.

Die kleine Schlußandacht vor den unterschiedlichen Sieben,
die jeder von uns nachdenklich in die Hand nahm, bleibt mir im
Gedächtnis, vor allem ein Chanson mit diesem Text:

1. Wenn am Ende einer Wegstrecke meines Lebens ich mich
   frage: Was zählt, und was war vergebens?
   Ob dann alles wertlos? Bitte, nein!
   Laß dann etwas, Herr, des Sichtens wert noch sein?
   Herr, erbarm dich, Herr, erbarm dich, Herr, erbarm dich
   mein.
2. Wenn am Ende einer Wegstrecke meines Lebens
   ich mich frage: Was zählt, und was war vergebens,
   und dann greif ich, Herr, zu welchem Sieb?
   Sind dann kleine oder große Löcher mir lieb?
   Herr, erbarm dich, Herr, erbarm dich, Herr, erbarm dich
   mein.

D. Übungen mit Kindern

I. Kindergartenkinder spielen gern mit Sieben im Sand. Immer
wieder fasziniert sie der Vorgang, wie unten aus dem Sieb dann
schöner, feinkörniger Sand herauskommt, Grobes, Steiniges
bleibt obenauf. Zuweilen entdeckt einer, wie man etwa mit hellem, feingesiebten Sand auf dunklem Untergrund kleine Bilder
gestalten kann. Gewiß kann man daraus eine Gruppenaufgabe
machen.

II. In den Kindergartenküchen macht das Backen nicht nur in
der Vorweihnachtszeit Spaß. Dabei gibt es allerlei mit Sieben zu
hantieren, z. B. das nochmalige Sieben des Mehles oder später
das Verzieren mit feinem Streuzucker durch ein Sieb. Die Nütz-
lichkeit von Siebvorgängen kann so im Vollzug begriffen werden.

III. Im Herbst können Kinder das Kompostieren im Garten erleben. Sie sehen zu oder helfen mit, wenn die Schichten des
Komposthaufens abgetragen und auf ein großes Sieb geworfen
werden. Die durchgesiebte, feine Komposterde helfen sie gern
mit auf Beete und rund um Pflanzen zu verteilen. Ohne das Sieben des Kompostes bliebe alles durcheinandergemengte
Masse mit sehr begrenzter Verwendungschance.

IV. Bei Erntevorgängen wird das Sichten und Trennen von Qualitäten für Kinder besonders deutlich. Seien es nun Nüsse, Äpfel, Birnen – die Ernte will gesichtet sein. Nicht alles ist so
makellos, daß man es lange aufheben bzw. auf Vorrat legen
kann.

V. Nach solchen bewußt wahrgenommenen Vorgängen des Sichtens und Siebens – vielleicht vor allem im Herbst und zu Beginn des Winters – horchen die Kinder vielleicht auf, wenn sie beim Erzählen in der Märchenrunde dann hören: ... die einen ins Kröpfchen, die andern ins Töpfchen."

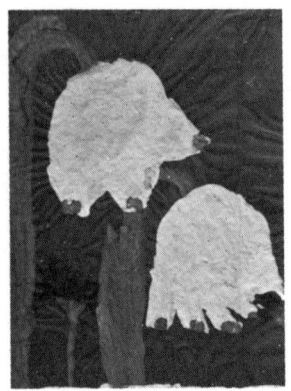

4. Vom Empfangen und Teilen

A. Zur Einstimmung

Es trifft wohl zu, daß der Mensch als soziales Wesen geschaffen ist, kaum zum Einsiedler ausersehen, sondern auf ein „Du", auf einen Partner hin ausgerichtet. Mit der Haltung „Hauptsache ich" verfehlt man ein erfülltes Leben.

Obschon jeder zustimmen wird, wenn Lebenserfahrungen, wie „Geteiltes Leid ist halbes Leid", „Geteilte Freude ist doppelte Freude" formuliert werden, fällt das Teilen vor allem in materiellen Bereichen vielen Menschen schwer. In älteren pädagogischen Konzepten wurde mit recht sorgloser Generalisierung sogenannten Einzelkindern eine geringere Freude am Teilen zugesprochen als Kindern, die im Kreis mehrerer Geschwister aufwachsen. Heute sind wir behutsamer mit derartigen pauschalen Festlegungen. Auch in der Konstellation mit mehreren Geschwistern kann sich bei dem einen oder anderen eine Haltung entwickeln, am liebsten nicht zu teilen, sondern möglichst für sich allein das meiste zu ergattern.

Neben dem Sensibilisieren für das Empfinden eines Partners, der daneben steht und leer ausgeht, kommt es offenbar auch auf positive Erfahrungen (d. h. Echoerfahrungen) beim Teilen an und natürlich auf Vorbilder, denen man sich emotional verbunden fühlt. Vielleicht stützt auch das Bewußtmachen von Nicht-Selbstverständlichem,

das man immer wieder empfängt, eine Bereitschaft zum
Weiterreichen und Teilen.

B. Religiös-biblische Dimension

Vom Beginn unseres Lebens an sind wir Wesen, die nur
dadurch existieren, daß andere uns versorgen, unsere Bedürfnisse stillen. Wir sind Empfangende. Wird dies im
Säuglings-, Kleinkind- und Schulkindalter sowie in unseren letzten Lebensjahren besonders einsichtig, so verdrängen wir die Tatsache, daß wir Empfangende sind,
besonders in den Phasen des Jugendalters und im mittle-
ren Erwachsenenleben. Doch im letzten Sinn ist das ganze
Leben geschenkt. Die Theologen reden von einer „ver-
dankten Existenz". Manchmal wird uns auf dem Kran-
kenlager oder nach einer überstandenen Krankheit wieder die Kostbarkeit unserer Gesundheit bewußt. Unver-
dient gesund zu sein, gesunde Glieder zu haben, das ist
etwas, was wir empfangen.

Auch in anderen Bereichen erfahren wir vieles, was man
nicht mit Geld erwerben oder sich verdienen kann:
Freundschaften, Liebe, tiefes Vertrauen.

Im Neuen Testament ist darüber hinaus von den mancherlei Gaben die Rede, die wir nicht verkümmern lassen
sollen. Wir haben Gaben empfangen, die wir so einsetzen
können, daß eine Vermehrung eintritt. So erzählt Jesus
das Gleichnis von den anvertrauten Pfunden (man lese
dazu Luk. 19, 13). Wer das Empfangene „vergräbt", weil
er es ängstlich verbergen möchte und den Einsatz nicht
wagt, der verfehlt den Auftrag. Was wir empfangen, darf
sich vielfältig vermehren: Wärme, Herzlichkeit, Liebesfä-
higkeit, die Fähigkeit zu Trösten, zu Staunen, Frieden zu
stiften und Mut zu machen. Natürlich meint Jesus, wenn
er vom Einsetzen der „anvertrauten Pfunde" spricht, auch
die Botschaft des Evangeliums, die Nachricht von Gottes
Liebe zu allen Menschen, die sich ausbreiten soll, um
überall mehr und mehr Echo zu finden.

Vom Teilen redet Jesus auch im ganz praktischen Sinn. Er fordert Barmherzigkeit: „Wer zwei Röcke hat, der gebe dem einen, der keinen hat" (Luk. 3, 11).[1]

C. Übungen für Erwachsene

I. Vom Pro und Contra eines Satzes: In einer Mitarbeitergesprächsrunde kann man versuchen, herauszufinden, was für und was gegen den zuweilen gehörten Satz spricht: „Wer sich auf das Wagnis des Teilens einläßt, der kann erleben, daß etwas dabei mehr wird."

II. Ein Zeichenspiel von „Herrn und Frau NUR-WIR": Ohne sich auf charakteristische Darstellungsmöglichkeiten vorher zu verständigen, zeichnet jeder Mitarbeiter nach seinen Vorstellungen Herrn und Frau NUR-WIR. – Vielleicht gelingen kleine karikierende, charakterisierende Bilder; etwa mit übergroßen raffenden Händen? Oder mit gierigen, unzufriedenen Gesichtern. Da ungewöhnliche Körperformen – übermäßig dick oder dünn – Krankheitsursachen haben können, scheiden sie als Mittel der Darstellung wohl aus. Die Zeichenaufgabe müßte anders gelöst werden: vielleicht gestisch, mimisch, möglicherweise ergänzt durch eine Sprechblase.[2]

D. Übungen mit Kindern

I. Vieldeutige Händebilder: Wir ummalen auf Papier die Hände eines anderen, jeder vielleicht die seines rechten Nachbarn im Kreis. Nun schneidet jeder seine eigene aufgemalte Hand aus und legt sie in die Kreismitte. Schaut man eine Weile auf das so entstandene „Bild", so kommen gewiß Deutungen von den Kindern: „Das sieht aus wie ..." Es kann sein, daß die Mehrzahl der auf den Boden gelegten Hände mit den Fingern auf die Kreismitte gerichtet ist, als ob es dort etwas zu berühren oder zu finden gäbe.

---

[1] Von dieser biblischen Aussage findet man zum Sinn der Martins- und Nikolausfeiern.
[2] In einer jüdischen Legende wird der Kontrast zwischen Himmel und Hölle jeweils vor einer reich gedeckten Tafel versinnbildlicht. Höllenqualen leidet man, weil man mit steifen Armen nichts von den Speisen in den eigenen Mund führen kann. Himmlische Freuden erfährt man, wenn man bei ebenfalls steifen Armen einander füttert! (GTB Nr. 1075: Machalke, „Auf der Durchreise".

Jetzt kann man eine oder mehrere Hände etwas umformen, indem die Papierhand schalenförmig gebogen wird wie eine hohle Innenhand. Vielleicht entdecken die Kinder, daß nun eine Haltung zu erkennen ist, als wolle jemand etwas empfangen oder erbitten! Man kann auch in eine Hand einen Keks legen und schon entsteht eine „Geschichte". Wie entwickelt sich die Situation weiter? Ob die Kinder jetzt alle Hände zu offenen, hohlen Händen umformen und sie auch bewegen wollen? Gewiß gibt das entstehende Spiel immer neuen Gesprächsstoff. Es könnte sein, daß man sich an Alltagssituationen aus der Gruppe oder von Zuhause erinnert.

II. Eine Hamster-Moritat: Ursula Wölfels Geschichte vom gierigen Hamster[3] kann in der nachfolgenden gereimten Fassung wie eine Moritat gesungen und großflächig aufgemalt werden.

Text und Melodie: Wolfgang Longardt

1. Von einem Hamster will ich be-richten, von seinen gierig-gierigen Ge-schichten: Er baute sich sein Hamsterhaus im Erdreich zehnmal größer aus!

2. Er träumte, daß es ihm mal gelänge,
   zu bau'n die allertiefsten Hamstergänge.
   Sein Vorrat sollt' so riesig werden,
   wie nie besaß ein Tier auf Erden.

3. Ich will für mich jetzt das meisten haben,
   die dicksten und die allerreichsten Gaben.
   Er schleppte soviel Korn heran,
   wie nie zuvor ein Tier getan.

---

[3] Ursula Wölfels Originalgeschichte vom Hamster findet man in ihrem Buch „24 Lachgeschichten" (Hoch-Verlag).

4. Soviel bis alles ganz überfüllt,
   der Vorrat auch schon aus dem Eingang quillt.
   Doch an den warmen Platz zur Nacht
   hat dieser Hamster nicht gedacht.

5. Vor seinem Eingang da saß er dann
   und fragte ratlos nun: „Was fang' ich an?
   Im Bau ist nun kein Platz für mich
   und schon wird's kalt ganz fürchterlich."

6. Die andern Tiere doch ringsumher,
   die sah man alle nun schon längst nicht mehr.
   Sie ruhten warm im Vorratsloch
   mit reichlich Platz zum Schlafen noch.

7. Und unser Hamster fragte sich,
   weil er schon fror ganz fürchterlich:
   „Schaff' ich jetzt etwas Korn heraus,
   dann hätt' ich Platz in meinem Haus."

8. „Doch andre Tiere werd'n sich bequemen
   von meinem Vorrat draußen was zu nehmen.
   Das gönn' ich keinem andern Tier,
   da frier' ich lieber draußen hier."

III. Ein kleines Fest des Teilens: Um nach den sehr plastischen Negativbeispielen von jemand, der vor allem für sich viel haben will, auch genügend Raum zum Gewinnen positiver Erfahrungen zu geben, kann man – vielleicht in der Nähe des Erntedankfestes – gemeinsam ein kleines spielerisches „Fest des Teilens" feiern. Jedes zweite Kind wird dabei zunächst für ein Viertelstündchen aus dem Raum gebeten. Mit einer Praktikantin könnten sie in einem Nebenraum oder im Freien zum Lied: „Vieles ist nicht selbstverständlich" (siehe Kap. 11), eine kleine Reigentanzform entwickeln. Währenddessen bereiten die anderen Kinder mit der Gruppenleiterin im Raum geheimnisvoll vor: Ein Apfel oder eine Apfelsine etwa (die jeweils für zwei Kinder sein soll) wird liebevoll zubereitet und dann mit einer Serviette auf dem Tisch verdeckt. Schließlich zündet man noch ein paar Kerzen an und ruft die anderen herein. Jeder wählt sich von den nun Eingelassenen einen Partner für das kleine Fest des Teilens. Haben die so gebildeten Paare Platz genommen, beginnt zu folgendem Vers, den man mehrmals wiederholt, das langsame Aufdecken (millimeterweise zieht man die Serviette beiseite):

Was ich habe hier versteckt,
das wird langsam aufgedeckt,
aufgedeckt!

Kinder tragen farbenprächtige „Erntedankbäume".

Liegt das Obst aufgedeckt da, folgt der Vers:

Ich teil mit dir,
du teilst mit mir,
ein kleines Fest gibt's heute hier.

Dann genießt man gemeinsam das Obst. Und schließlich kommen alle, die vor der Tür waren, mit ihrem Beitrag an die Reihe. Man schaut sich an, wie das Lied „Vieles ist nicht selbstverständlich" getanzt werden kann und macht schließlich gemeinsam die einmal vorgeführte Tanzform nach. Vielleicht gelingt auch noch eine Gesprächsrunde, in der man diese Erfahrung vom kleinen Fest des Teilens mit der Hamsterballade vergleicht.[4]

IV. Erntedankbäume für einen Gottesdienst: Wie auf dem Foto abgebildet tragen Kinder an Stöcken Früchte in die Kirche: farbenprächtige „Erntedankbäume". Als Zeichen für die Fülle der empfangenen Früchte in Feld und Garten sind die kleinen Erntedankbäume von Kindern, Eltern und Erziehern farbenprächtig geschmückt.

Vorn im Altarraum der Kirche können sie in vorbereitete Halterungen gesteckt werden. Aus den vielen geschmückten Stäben kann so auch ein großer Phantasiebaum werden. Dazu müßte man vielleicht von einem Kindergartenvater eine Steckhalterung basteln lassen, die alle Stäbe aufnimmt. Auch wäre es möglich, alles in mehrere dicht zusammenstehende, mit Erde gefüllte Eimer zu stecken. Auch dann sieht das Ganze wie ein Baum aus.

Gewiß wird man die empfangenen Erntegaben nun besingen. Vielleicht auch mit dem Lied: „Vieles ist nicht selbstverständlich" (siehe Kap. 11). Und dann kann ein Fest des Teilens beginnen ...

V. Teilen mit Jesus: Eine weitere religiöse Vertiefung kann unser Thema erfahren, wenn sich nun die biblische Erzählung von der „wundersamen Brotvermehrung" anschließt. Man lese dazu in der eigenen Vorbereitung Matth. 15,36. In der Nähe Jesu erfahren viele Menschen ein Gesättigt-Werden, ein Froh-Werden in der Gemeinschaft, bei dem am Ende selbst von wenigen Broten und Fischen noch viel übrig bleibt als Nahrung für die Tiere. Sie erleben: In der Nähe Jesu werden wir in vollem Sinn versorgt und sind geborgen.

---

[4] Das Lied: „Vieles ist nicht selbstverständlich", ist Titellied der gleichnamigen ABAKUS-LP (Bestell-Nr. 90 040).

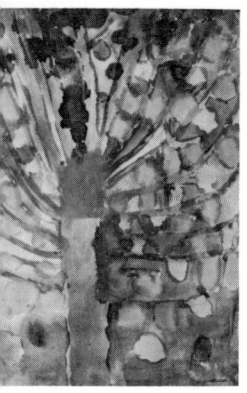

5. Von ruhenden, abgeernteten Feldern

A. Zur Einstimmung

Frühere Generationen sangen das Abendlied: „Nun ruhen alle Wälder, Vieh, Menschen, Städt' und Felder …", und sie lebten in der von diesen Worten beschriebenen Wirklichkeit. Hektische Lebensabläufe der hochindustrialisierten Gegenwart machen heute die Nacht auf der Jagd nach immer höherer Arbeitseffektivität oft zum Tag.

Mühsam gewinnen Einsichten wieder an Boden, daß wirkliches Leben Grundrhythmen braucht: Spannung – Entspannung, Aktivität – Ruhe. Generationen, die tatsächlich noch die Ruhe eines „Feier"-Abends ausgekostet haben mit Zeit zum Verarbeiten und Ausschwingen aller Tageseindrücke, hatten es selten nötig, psychologische und psychotherapeutische Beratungen in Anspruch zu nehmen. Weil man sie nicht brauchte, gab es sie auch nicht. Aber es gab gleichsam zur „seelischen Hygiene" Mußezeiten, für die einen vor allem in Spätherbst und Winter, für die anderen vor allem an den Abenden und Feiertagen. Zu Feiertagen, die man heilig hielt (heilig – ausgesondert, besonders geweiht) gehörte das Feiertagsgewand und die Feiertagsruhe.

Auf der Suche nach anderen, dem Wesen des Menschen angemesseneren Lebensstilen, entdecken wir heute wieder einfachere, unkompliziertere Lebensformen, größere Naturnähe, aber auch Entspannungs- und Meditationsübungen. Das immer nur nach außen gerichtete Aktivleben, so erkennen viele, führt zu bloßem Aktivismus, zu Leerlauf. Die Natur kennt immer wiederkehrende Rhythmen, Zeiten des Ruhens und Kräftesammelns und Zeiten des Keimens, Reifens, Frucht-Bringens, kennt Werden und Vergehen.

So manche Übung dieses Buches will wieder dazu anleiten, nicht „unnatürlich" zu leben, Rhythmen der Natur nicht zu übergehen. Herbstliche Felder können sehr wohl auch etwas auf ihre Weise sagen. Abgeerntet, leer, vielleicht auch schon umgepflügt ruhen sie, leben wartend schließlich einem neuen Frühling entgegen ... Ruhezeiten, Phasen des Aufatmens und Schöpfens neuer Kraft braucht auch unser Leben.

B. Religiös-biblische Dimension

In allen Kulturen und Religionen gibt es Erntefeste, herausgehobene Tage des Feierns. In der Regel ist dabei eine Ruhe *vor* dem Fest, und nach der vitalen Feier eine erneute große Ruhe fester Bestandteil des Ritus. Im Grunde entspricht dies dem Naturvorgang: Auch kurz vor der Ernte ist eine kleine Zeit des Stillstandes. Die Reife ist erreicht, die Frucht ruht und wartet. Dann erfolgt die Ernte, verbunden mit allerlei Feier – und Dankriten, danach, auf jeden Fall aber dann, wenn die Felder abgeerntet, neu gepflügt oder sogar schon eingesät sind, ist Zeit der großen Ruhe.

Auch in der Bibel finden sich für diese Rhythmen viele Belege: „Es soll nicht aufhören Saat und Ernte, Frost und Hitze" (1 Mose 8, 22), und im 2 Mose, 23 lesen wir: „Du sollst mir Feste halten, das Fest der Ernte der Erstlinge deiner Früchte, die du auf dem Feld gesät hast , und das Fest der Einsammlung im Ausgang des Jahres, wenn du deine Arbeit eingesammelt hast vom Felde!" (Man beachte, daß hier dem Volk Israel im Grunde zwei Erntefeste geboten werden.) Im Buch der Sprüche findet man weise Mahnungen, wie: „Wer in der Ernte aber schläft, der wird zuschanden" (Kap. 10, 5b), und: „Wer faul um der Kälte willen nicht pflügen will, muß in der Ernte betteln und nichts kriegen" (20, 4).

Im Alten Testament wie im Neuen Testament wird auf diese Rhythmen der Schöpfung und der sie pflegenden Menschen immer wieder verwiesen. Für Jesus ist die Ernte jedoch auch noch ein Bild für die geistliche Frucht des Glaubens, der Gotteserkenntnis. Dort kann das Reifen wie durch ein Wunder zuweilen viel schneller geschehen: „Sagt ihr nicht, es sind noch vier Monate, so kommt die Ernte? Sieh ich sage euch: Hebt eure Augen auf und seht in das Feld, denn es ist schon weiß zur Ernte. Und wer da schneidet, der empfängt Lohn und sammelt Frucht zum ewigen Leben ..." (Joh 4, 35–36). Auch die geistliche Ernte wird schließlich enden in einem großen Fest, von dem die biblischen Zeugen nicht müde werden zu reden. Schließlich wäre in Zusammenhang mit den Rhythmen von Arbeit und Ruhe an die ersten Blätter der Bibel zu erinnern: „Und am siebten Tag ruhete Gott". Ruhe gehört zum Urgeschehen der Schöpfung. Die Herbstfelder erinnern daran.

C. Übungen für Erwachsene

I. Imaginationsspiel „Ich ein Feld, ein Acker": Erzieher, die schon einige Übung in Imaginieren, im Umgang mit ihren inneren Bildfähigkeiten haben, können einmal in sogenannter „gelenkter Phantasie" den nachfolgenden Phantasieversuch gemeinsam wagen. Eine Kollegin liest, nachdem jeder sich entspannt hingesetzt und die Augen geschlossen hat, langsam den folgenden Text vor (nach jedem Satz eine große Pause machend):
– „Ich bin ein Acker, bin ein Feld, leer und abgeerntet."
– „Regen fließt auf mich nieder, der Herbstwind geht über mich hin."
– „Ich bin jetzt so leer, aber noch vor kurzem war ich ein reifes Feld voller Frucht."
– „Ich war so dicht bewachsen, daß sich Tiere in mir versteckten."
– „Nun will ich ausruhen, schlafen, entspannen."

– „Da kommt noch einmal die Herbstsonne, sie wärmt mich
schön."

Im Anschluß an die Übung redet man über seine Empfindungen
und Assoziationen.

Praxisbericht: Eine norddeutsche Erzieherin, die auf einem Seminar Imaginationsübungen und Phantasieübungen kennenge-
lernt hat, berichtet:

„Da wir zu zweit auf der Fortbildung waren, konnten wir den drei
anderen Kolleginnen ziemlich nachdrücklich erklären, wieviel es
für uns bringt, ein neues Thema erst selbst wieder zu erleben,
mit der ganzen Phantasie- und Vorstellungskraft, auch mit den
Bildern, die schon tief in uns schlummern. Vor neuen Kindergartenprojekten wie: ‚Türen, vor denen wir stehen', ‚Bäume und
Menschen' oder ‚Natur in Herbst und Winter' haben wir uns in
den Dienstsitzungen Zeit gelassen für eigene Übungen."

Besonders schön gelang uns die Imagination ‚Ich bin ein
Stoppelfeld'. Einige von uns sagten nachher, sie hätten richtig
den Erdgeruch gespürt, auch die Stoppeln, so als hätten sie mit
dem Rücken draufgelegen. Eine Kollegin sagte, sie habe sich
so wie nach getaner Arbeit gefühlt: müde, aber auch zufrieden,
weil viel herausgekommen sei an Ernte. Eine andere erzählte
hinterher, als wir die Augen wieder geöffnet haben, sie hätte
sich an ein Stoppelfeld vor dem Haus ihrer Eltern erinnert. Dort
ließen sie als Kinder Drachen steigen, legten sich zwischen die
Stoppeln, die Schnur in der Hand, und hätten so in den Himmel
geträumt, bis urplötzlich ein Feldhase vorbeigesaust und sie
aufgeschreckt hätte. Sie war die einzige, die ein Kindheitsbild
imaginiert hatte. Die anderen hatten sich wirklich wie ein Stück
Erde gefühlt, das nun ausruht und sich noch Herbstsonne
wünscht. Jedenfalls hat uns das sehr motiviert, und mit ganz anderen Augen begannen wir in den Gruppen die Beobachtungs-
spaziergänge. Wir waren sensibler geworden für die Atmosphäre nach der Ernte, und ein wenig dachten wir auch an
unsere Erziehersituation. Wir hatten uns zu Beginn der Som-
merferien so ähnlich gefühlt mit viel Bedürfnis zum Ausruhn,
nachdem viel geschafft war." (Ende des Praxisberichtes)

II. Farben und Licht des Herbstes: Es gibt Maler, die herbstliche
Atmosphäre und Stimmung ganz besonders eindrücklich in
Farbe umgesetzt haben. Vielleicht gehören Nolde und van
Gogh dazu, aber auch andere. Es kann eine ergiebige themati-
sche Vorbereitung sein, wenn jeder Mitarbeiter daheim einmal
an Kunstpostkarten oder in Bildbänden sucht, wie in der Malerei
die von allen anderen Jahreszeiten so eindeutig zu unterschei-

denden Licht- und Farbwirkungen des Herbstes dargestellt
sind. Ob man dann gemeinsam auf ein paar Orffschen Instrumenten sich nicht scheut, auch einmal ein Bild zu verklanglichen? Was oft in der Arbeit mit Kindern geschieht, könnte als
Klangfarbenübung sehr wohl auch einmal unter Erwachsenen
erprobt werden. Mit den Kindern gerät es dann ohnehin ganz
anders.

III. Sprachwendungen von Herbst und Ernte: Nicht zu häufig,
aber doch hier und da, verwenden wir in der Alltagssprache
Worte, die sich von Ernte bzw. von der herbstlichen Jahreszeit
herleiten. Es lohnt sich, etwa in einer Teepause und kleinen Gesprächsrunde einmal gemeinsam nach solchen Worten und Re-
dewendungen zu suchen. Zum Beispiel sagen wir: „Der Herbst
hat auch noch schöne Tage", und trösten uns damit beim Älter-
werden gegenseitig. Oder wir reden vom Abgrasen, von der
Nachlese usw.

D. Übungen mit Kindern

I. Wie die Felder nach der Ernte aussehen: Mit nassen, bunten
Wollfäden können die Kinder einzeln oder in Gemeinschaftsarbeit die Eindrücke von Spaziergängen in Bilddarstellungen auf
Teppichfliesen oder Wolldecken nachgestalten. Um den Kontrast zum jetzigen Stoppelfeld oder zum abgeernteten
Kartoffelacker besonders deutlich zu machen, kann man natürlich auch als Gegenbild jeweils das zur Ernte reife Feld daneben
als Fadenbild legen.

II. Phantasieübung „Was die Feldmaus jetzt erzählt": Hat man
die kahlen Felder genau in Augenschein genommen und auch
noch in Erinnerung, wie alles vor dem Abernten ausgesehen
hat, so könnte eine Feldmaus jetzt erzählen, was sie schöner
fand, ob sie sich jetzt einsamer fühlt, verlassener usw. Zur Einstimmung kann eine Übung „gelenkter Phantasie" gemeinsam
gemacht werden, in der die Erzieherin die Atmosphäre des abgeernteten Feldes in knappen, bildhaften Sätzen schildert:
    „Im Kornfeld gab es auch viele Tiere, doch als die Erntema-
schinen kamen, da haben sie sich verkrochen. Die Mähma-
schine ratterte, alles bebte, auch unten im Bau der Feldmäuse
und dort bei der Familie Maulwurf. Doch jetzt ist das Feld leer
und verlassen. Wir stellen uns vor, wie der Wind über das Stoppelfeld weht. Die Feldmaus schaut heraus aus ihrem kleinen

Wohnungseingang, sie sieht den Maulwurf etwas entfernt spazieren gehen, alles hat sich so verändert …" usw.

Vielleicht können die Kinder jetzt mit Spontanäußerungen in das Spiel einsteigen.

III. Was man auf abgeernteten Feldern noch findet: Wer Zeit und Gelegenheit hat, ein abgeerntetes Kartoffelfeld mit den Kindern abzusuchen oder ein Stoppelfeld, der findet so manche Ähre oder noch einige Kartoffeln.[1]

---

[1] Früher hatte diese Nachlese noch viel größere Bedeutung. Im Buch Ruth (Kap. 2) wird eine solche Szene plastisch beschrieben.

6. Vom Steigen und Schweben

A. Zur Einstimmung

Fliegen zu können ist ein alter Traum des Menschen. Sich schwerelos zu erheben, das ist eine Ursehnsucht. Man schaut den Vögeln nach, die sich aufschwingen und vom Boden lösen können. Besonders bei Segelfliegern und Drachenfliegern scheint der alte Traum des Fliegenkönnens, bei dem man noch elementare Ursprünglichkeit, wie Windnähe, verwirklicht.

Jeder hat wohl einmal als Kind einen Drachen steigen lassen und war stolz, wenn er dann am Himmel „stand" oder besser gesagt „schwebte", von der Kraft der Luft getragen und am langen Band von uns gehalten.

So mancher hat sich dann in seinen Drachen gleichsam hineingeträumt: Könnt ich auch so fliegen, jetzt da so hoch oben sein!

B. Religiös-biblische Dimension

Entsprechend beim alten Weltbild, daß über der Erde der Himmel sei und unter der Erde die sogenannte Unterwelt, beschreibt die Bibel zum Beispiel in den visionären Bildern der Berufungsgeschichte des Jesaja schwebende Engel mit mächtigen Flügeln. Seitdem glaubt keine noch so säkularisierte Weihnachtsdekoration auf beflügelte Wesen verzichten zu können. Dabei reden andere biblische Erzähler auch von Gottesboten (Engel – angelus – der Gesandte), die in Gestalt von Männern etwa Abraham besuchen. Ein berühmtes Buch trägt den Titel: „Gottes Engel brauchen keine Flügel." Die alte Sehnsucht, sich erheben zu können, den beflügelten Wesen gleich, ist auch in unsere Sprache eingedrungen, denn wir beschreiben einen Zustand seelischen Hochgefühls, bei dem wir uns frei von allen Lasten und be-schwingt vorkommen als „Beflügelt-Sein". Alles geht uns dann offenbar leichter von der Hand.

Dem alten Weltbild des „Stockwerke-Denkens" gemäß wird in der Bibel vom Aufgehoben-Werden, von Himmelfahrten erzählt. Wichtig ist dabei aber wohl nicht die räumliche Dimension, sondern das Eingehen in die unsichtbare Wirklichkeit Gottes. Jesus wird nun im letzten Sinn „Gott gleich". In einer der drei neutestamentlichen Texte von der „Himmelfahrt Jesu" sagt ein Engel Gottes den Jüngern Jesu, daß sie nicht in den Himmel starren, sondern die Zeit für den Erdenauftrag nutzen sollen, bis Christus wiederkommt.

Zuweilen tauchen in der Religionsgeschichte schwärmerische Formen auf, bei denen man sich in Verzükkungs- und Entrückungszustände hineinsteigert. Auch in heute nach Europa drängenden Jugendreligionen trifft man auf solche gefährlichen Züge der Realitätsflucht. Nimmt man die Botschaft der Bibel in all ihren Grundaussagen, so wird dort zum nächternen Wirken für Gottes Sache aufgerufen. Das „Sich-Aufschwingen der Seele" geschieht in Lied, Gebet und Feiern, aber dabei wird nicht der Boden unter den Füßen verloren. Nein, im Gegenteil, danach geht der Glaubende gestärkt seinen irdischen Weg weiter ...

C. Übungen für Erwachsene

I. Wortfeldsammlungen: Im Kreis der Erzieher kann man vielleicht in zwei Gruppen versuchen, in drei Minuten möglichst

viele Wörter aufzuschreiben, die a) zum Wortfeld STEIGEN und
b) zu SCHWEBEN gehören oder damit verwandt sind.

In einem Hamburger Erzieherteam entstanden dabei folgende
Wortfeld-Reihen:

STEIGEN: Steigeisen, Steigflug, Anstieg, Bergsteigen, Auf-
               steiger, Absteiger, zusteigen, aufsteigen, einstei-
               gen, steigende Tendenz, Steiger (Bergmann)
               Steigerwald ...
SCHWEBEN: Schwebebahn, Schwebezustand, herumschwe-
               ben, zur Landung einschweben, als wenn man
               schwebt, über den Dingen schweben, Schwebe-
               balken, Schwebegeräte, herniederschweben ...

Beim Vergleich der beiden Wortfeldreihen ergab sich in dieser
Erziehergruppe der Eindruck, daß wir im Zusammenhang mit
dem Wort „Schweben" überwiegend eine etwas negative Wer-
tung verbinden, leicht unrealistisch. Ganz anders wirkten die
meisten im Zusammenhang mit dem Wort „Steigen" aufge-
schriebenen Begriffe.

II. Phantasiespiel: Wie die Dinge von oben aussehen. Durch
eine gewisse Entfernung von den Dingen werden sie kleiner
(dies gilt auch für Schwierigkeiten und Probleme!). Aus einer
Höhe etwa von 100, 500 oder gar 1000 Metern erkennt man größere Zusammenhänge. Dann wird deutlich, wie klein manche
Einzelheiten sind. Es lohnt, Vorgänge aus dem Kindergarten
sich aus der Vogelperspektive beobachtet vorzustellen. Vielleicht beginnt man eine solche Übung nach einem Sommerfest,
wenn man in einer Auswertungsrunde zusammensitzt. Scherz-
hafterweise könnte man den Beobachtern andere Namen geben: „Frau Professor Übersicht", die alles von oben beobachtet
hat, das ganze Ameisendurcheinander, vielleicht die unerklärli-
che Hektik, die Zwischenfälle, die so schlimm gar nicht waren,
usw.

D. Übungen mit Kindern

I. Einen Gegenstand im Schweben halten ... Die Erfahrung, daß
Wind (bewegte Luft) besonders tragen und führen kann, läßt
sich auf vielerleiweise machen:

1. mit dem Fön lassen wir einen großen Wattebausch wie eine
Wolke über uns im Kindergartenraum schweben. Man wird merken, wie wenig Luftstrom dazu gehört – besonders wenn er, wie

hier, gleichmäßig in eine Richtung strömt. Geht man zu nahe heran, sieht es aus, als sei unsere „Wattewolke" wie an der Decke festgenagelt.

2. Durch unser Blasen mit dem Mund versuchen wir, kleine Wattebäusche oder auch einen Ballon immer wieder zu hindern, daß sie zu Boden sinken. (Hierbei ist nicht an mit Gas gefüllte Ballons gedacht, sondern an solche, die wir mit dem Mund selbst aufblasen.)

II. Wolkenbeobachtungsspiel: An manchen Tagen ist es geradezu faszinierend, den raschen Wolkenzug am Himmel zu beobachten. Sind die Wolken in unterschiedlicher Färbung, können die Kinder „ihre Wolke" besonders auswählen und gerade ihren Zug (ihren Flug, ihr Schweben) verfolgen. Die Formen der Wolken verändern sich, mehrere schieben sich zusammen, eine kleine Wolke trennt sich ...

Anschlußübung: Vielleicht ist auch manches Kind schon einmal im Flugzeug über den Wolken geflogen und kann von diesem Eindruck erzählen: Wie sehen die Wolken von oben aus? Dabei ist es interessant – auch vom Standpunkt der Entwicklung der Sprachfähigkeit – welche Vergleiche die Kinder wählen.

Praxisprotokoll: In einem Hamburger Kindergarten kam es in diesem Zusammenhang zu folgenden Kinderäußerungen:

– „Du, da sind wir geflogen mit dem Düsenflugzeug ganz hoooch, und wie Zuckerwatte sehen die Wolken aus, so vom Flugzeug aus dem Fenster."
– „Meine Mama ließ mich extra am Fenster sitzen, die Wolken sind wie ein Wattehaufen, bloß der hört nicht auf."
– „Das hat so ausgesehen wie ein langes Wolkenland, lauter kleine Kissen, ganz weich."
– „Hm, unser Flugzeug war hoch drüber, höher als viele Wolken, und ich wollte die Schwebewolken am liebsten streicheln, so zum Schmusen war'n die."
(Ende des Praxisausschnittes)

III. Phantasiespiel: Ich träume, ich bin mein Drachen und schwebe. Nach eigenem Spiel mit Drachen, die man um die Herbstzeit steigen läßt oder bei dem man zuschaut, wenn größere Geschwister mit schon etwas mehr Geschick so etwas fertigbringen, kann sich ein Phantasiespiel anschließen, bei dem man sich vorstellt, selbst da oben der Drache zu sein. Vielleicht ist man stolz auf die bunte lange Schleife, die hinterher fliegt und zu einem gehört, vielleicht will man immer noch höher und entdeckt, daß selbst die große Kirche von oben gar nicht so

groß ist. Vielleicht freut man sich, fast bis zu den Wolken zu
kommen und genießt den Wind da oben. Aber irgendwann will
man wohl wieder nach unten ...

Variations-Idee: Um die Weihnachtszeit könnte man sich in einen Stern hineindenken, der nach Bethlehem fliegt.

Ergänzungen:

1. Hierhin gehört wohl auch die Erfahrung des Häwelmannes.
Nach dem Erzählen dieses Märchens setzt man den Eindruck in
eigenen Bildausdruck um.

2. In „Religion im Kinderzimmer" (H. May, Verlag Sauerländer)
findet sich eine Traumgeschichte, in der ein kleiner Junge, genannt Bömmel, mit den Wolken hinaufschweben möchte, um
Gott zu sehen. Er erlebt ein herrliches Gefühl von Weite und
Farbschönheit hoch oben. Diese Traumgeschichte gibt es im
gleichen Verlag auch als Dia-Serie.

3. Natürlich gehört hierher auch das „Kinderwolkenlied" aus
„Leben im Jahreskreis" – Frühling und Sommer (Kap. 13).

7. Von Sinken,
Fallen und Loslassen

A. Zur Einstimmung

Diese Worte wecken wehmütige, wenn nicht sogar deprimierende Empfindungen in uns. Wenn wir von jemand sagen, „sein Stern sei im Sinken", oder etwas habe „fallende Tendenz", so ist das in der Regel eine ziemlich negative Aussage – fallende Zinsen und fallendes Fieber ausgenommen.

Irgendein Vorfall wird zum „Fall", und geschwätzige, selbstgerechte Leute empören sich, daß einer „so tief sinken kann". Schaut man in den Jahreskreisrhythmen der Natur auf Phänomene des Sinkens und Fallens, so sind sie immer mit Verwandlungen verbunden: Rauhreif fällt, Nebel fällt, Schnee fällt, Regen fällt, überreife, schwere Blüten sinken zu Boden, Blätter fallen und sinken …

Schon immer hat der Mensch in diesen leisen Verwandlungsvorgängen Parallelen zu seinem Leben gesehen. Gewiß will niemand vorschnell den Mut sinken lassen oder gar sich fallen lassen, aber sich dann fallen zu lassen, wenn die Kräfte schwinden und ersehnte Geborgenheit da ist, kann gute, tröstliche Erfahrung sein.

Von „Herbst" und vom „Abend des Lebens" reden wir. Diese Sprachbilder entnehmen wir den Naturvorgängen. Wenn „die Sonne sinkt und tiefer steht, dann werden die Schatten länger …"

B. Religiös-biblische Dimension

Nicht wenige Märchen drücken in tiefer Religiosität die
seelische Grunderfahrung des Fallens, Sinkens, Eintau-
chens und Verwandelt-Werdens in poetischen Bildern
aus. Bald wird jemand in ein Zauberbad eingetaucht, das
verwandelt und neue Kräfte gibt, bald fällt jemand in einen Brunnen und sinkt tief hinab in eine andere Wirklichkeit, in eine andere Welt. Die Religionsgeschichte berichtet von Tauch- und Erneuerungsriten vieler Kulturen. Die
Mächtigkeit des Wassers ist eine Urahnung der Völker.
Wasser kann vernichten, aber auch Leben spenden, kann
abwaschen und reinigen, kann Durst löschen und erfri-
schen. Darum hat das Wasser in fast allen Weltreligionen
hohe Bedeutung.

Auch die Taufe ist ein Erneuerungs-, ein Lebensbad.
Jahrtausende glaubte man, im Wasser säßen widergöttli-
che Kräfte, Urschlangen, Dämonen. Erste frühchristliche
Darstellungen der Taufe Jesu malen darum die sich empö-
renden Wellen des Jordans, als Jesus zur Taufe hinab-
steigt.

Altes soll absterben, Neues empfangen werden. Dies ist
alte Taufbedeutung. Von christlichen Tiefenpsychologen
wird sie der Theologie heute wieder neu bewußt gemacht.[1]

Das ursprünglich ganze Untertauchen in der Taufe bedeutet auch ein Sich-fallen-Lassen. Dann aber erfährt
man das Gehoben-Werden. Es ist ein Akt der Hingabe,
ein Akt des Vertrauens, dieses Sich-fallen-Lassen. Damit
übergibt der Christ sein Leben an Gott. Und in mancher
Situation, in der die Grenzen der eigenen Kraft deutlich
werden, darf es dann neu gewagt werden, sich so völlig
Gott anzuvertrauen.

In Märchen und Bibel begegnen wir in diesem Zusammenhang dem Phänomen des Loslassens. In so manchen
Lebenssituationen gilt dies: „Was man nicht mehr halten

---

[1] Siehe H. Barz, Glaube und Selbsterfahrung (Kreuz-Verlag).

kann, das soll man loslassen." Im Freigeben der eigenen Kinder etwa, im Sichlösen aus Aufgaben und schließlich im Sterben geht es um Loslassen-Können. Die Angehörigen erleichtern es dem Sterbenden, wenn sie ihn zwar liebevoll begleiten, aber es schaffen, ihn loszulassen, voller Vertrauen.

Wer nicht nur an der Oberfläche des Glaubens lebt, sondern in Glaubenstiefe hineingetaucht ist und erfahren hat, welche Kräfte dort „tragen", der darf auch in seiner letzten Stunde das Leben loslassen und eingehen in Gottes Lichtwelt, denn Tod ist Verwandlung, ist Neubeginn.

C. Übungen für Erwachsene

I. Beobachtungsübung an fallendem Laub: Vielleicht steht ein herbstlich gefärbter Baum gerade vor dem Fenster, oder man macht Beobachtungen auf einem kurzen Gang in der Mittagspause. Manche Blätter lösen sich schon bei einem sanften Windstoß, ihr Zusammenhalt mit dem Baum und seinen Zweigen ist schon fast gelöst, andere sind noch recht fest. Beim Darüberstreichen mit der Hand spürt man es. Sieht man jetzt einmal darauf, wie auf unterschiedliche Weise jedes Blatt zur Erde sinkt, so entdeckt man, welche Bewegungsvielfalt es dort gibt. Da ereignet sich ein sanftes schwebendes Herabsinken, da ein Taumeln, ein nochmaliges Auf- und Abschweben im nächsten Windstoß, ein Drehen und Tanzen, und sanftes Landen am Boden. Nicht immer ist es etwa der Punkt der endgültigen Ruhe, nein, ein nächster Windstoß läßt viele Blätter neu in verschiedene Richtungen und Wege treiben. Dann aber werden sie bald durch Feuchtigkeit und Erde schwerer. Ihr Fliegen, Steigen und Fallen ist zu Ende. Unmerklich langsam beginnt der letzte Verwandlungsprozeß.

II. Rundgespräch über Erfahrungen schwindenden Bewußtseins: Im Kreis von vier bis fünf Erzieherinnen ist in der Regel jemand dabei, der von einer Ohnmachtserfahrung erzählen kann. Andere sprechen vielleicht von einem Narkose-Erlebnis vor der Operation. Die Beschreibungen werden ähnlich ausfallen: Ein Empfinden von Leichtigkeit, ein Gelöstsein zuweilen (vielleicht bei Operationen), schon bewußt eingeleitet durch die persönliche, vertrauensvolle Einstellung, sich loszulassen. Mancher wird das mit ähnlichen schwerelosen Traumgefühlen

vergleichen, vielleicht zusätzlich beschreiben mit Farbempfin-
dungen oder ungewohnten Klangerlebnissen.

Sinken und Fallen scheinen unserem sonstigen, auf Selbst-
behauptung und Eigeninitiative ausgerichteten Lebensweisen,
nicht zu entsprechen. Deswegen machen wir diese Kontraster-
fahrungen möglicherweise besonders intensiv und können
nach einiger Zeit auch darüber reden.

Freilich kann man dies im Kollegenkreis wohl erst, wenn auch
allgemein ein offenes Vertrauensklima gewachsen ist und eben
nicht nur über sachliche Dinge des Arbeitsablaufes, sondern
auch über eigene Einstellungen und Gefühle gesprochen wird.

D. Übungen mit Kindern

I. Was die nun am Boden liegenden, raschelnden Blätter erzählen ... Kinder und viele Erwachsene lieben es, an Herbsttagen
durch einen Wald oder Park zu spazieren, mitten durch dichtes
Laub, das bei jedem Schritt raschelt und etwas aufstiebt. Manches ist noch leicht und anderes schon feuchter, das heißt am
Boden haftender. Noch immer aber kann man erstaunliche
Farbunterschiede bestaunen – vielleicht nicht nur am Waldbo-
den, sondern auch noch an einigen Bäumen. Einige Blätter werden gesammelt, und nach dem Spaziergang kann ein Phantasiespiel beginnen: Wir stellen uns vor, daß manches Blatt nun
erzählt, wie es im Frühling aufgebrochen ist, immer größer
wurde, am Sommerende sich langsam in der Farbe verändert
hat. Schließlich aber sank es zu Boden, fiel vom Wind getrieben
herunter. Ehe es verwest – noch in seiner Form erkennbar, vielleicht als Eichenblatt, als Kastanien- oder Ahornblatt – erzählt
es seine Geschichte.[2]

II. Tanz der fallenden Blätter: Im rhythmisch-musikalischen
Spiel kann ein Baum aus Kindern gestaltet werden. Ein Sturm
läßt die Blätter tanzen, fallen und zu Boden sinken. Wenn die
Kinder vorher intensive Beobachtungen gemacht haben, können sie das in kreisenden, sinkenden Formen ausspielen, bis
ein Blatt (ein Kind) unten am Boden liegt. Dort aber treibt ein
neuer Windstoß es weiter.   '

---

[2] Schon Goethe hat auf den Wert solcher Übungen hingewiesen. Er nennt so etwas
„sich in die Dinge einzuschwingen". H. Dietz, der Spranger-Schüler, spricht von
„Real-Phantasie", die das Objekt als beseelt empfindet. So können die Dinge zu
uns reden.

Anschlußübung: Möglicherweise fällt bald der erste Schnee. Dann kann dieses Spiel in einer Variation neu beginnen: Aus einer Wolke, die sowohl mit Tüchern als auch ganz aus Kindern gestaltet werden kann, sinken nun Schneeflocken herab. Jede Flocke tanzt und sinkt auf ihre Weise herab, unten auf dem Erdboden mit ihren Schwestern ein sanftes, weißes Tuch bildend …

III. Sinken und Fallen im Wasser: In ein großes Wassergefäß lassen wir aus einer Füllhaltermine einen Tropfen Tinte fallen und beobachten das langsame Absinken. Ungewöhnliche Formen entstehen dabei.[3]

Nun lassen wir andere kleine Gegenstände unterschiedlichen Gewichtes im mit Wasser gefüllten Gefäß hinabsinken. Manches wird oben schwimmen oder eine Weile brauchen, bis es – voll Wasser gesaugt – langsam nach unten sinkt. Vielleicht gibt man am Ende auch eine sog. „Zaubermuschel", die mit einer Stoffblume gefüllt ist, ins Wasser. Die Kinder bestaunen den Vorgang und beschreiben ihre Eindrücke.

IV. Wie Regentropfen fallen: Ergänzend zum Kap. 16 in Band 1, in dem Wahrnehmungs- und Gestaltungsübungen zum Phänomen „Sommerregen" zu finden sind, kann im Herbst an Fensterscheiben oder an extra in der Nähe der Fenster aufgestellten größeren Gefäßen das Regentropfen-Geschehen beobachtet werden. Fallende Tropfen lösen Bewegungen auf der Wasseroberfläche aus. Sie machen auch auf ihre Weise Musik! Es ist reizvoll, Kinder auf unterschiedlichen Klangkörpern (bitte auch auf Büchsen, Dosen, Schachteln) – natürlich auch auf Orff-Instrumenten – ihre Regentropfen-Melodien nachahmen zu lassen.

V. Eine biblische Erzählung vom Taufen und Eintauchen: Nach den vorherbeschriebenen Schritten wäre es im Grunde folgerichtig, zum Erfahrungsfeld „Wasser", in das man Eintauchen kann, auch aus dem Bereich religiöser Erziehung ein biblisches Bilderbuch etwa von der Taufe des Kämmerers, des ersten Afrikaners, anzuschließen.

In der holländischen Bilderbuchreihe „Was uns die Bibel erzählt" gibt es unter der Bestellnummer 4116 (hsg. von der Württembergischen Bibelanstalt) sehr einfach gemalt die Erzählung von der Taufe des ersten Afrikaners. Im viertletzten Farbbild dieses Büchleins hat der Künstler etwas Besonderes gewagt:

---

[3] Diese und ähnliche Spiele sind in: Freie Bahn für Phantasie (Reihe „Elternziele"), Verlag Herder, von mir beschrieben.

Er zeigt den Vorgang der urchristlichen Taufe in einer Seitenansicht, so als könnte man durch das Wasser hindurchschauen. Der Kämmerer ist im Wasser auf die Knie gesunken und dabei im etwa hüfthohen Wasser für einen Augenblick ganz untergetaucht. Das Wasser bedeckt ihn völlig. Nun sieht man, wie ihn Philippus an die Hand nimmt und wieder nach oben hebt. Dieses In-das-Wasser-Hinabsinken, sich völlig „Bedecken-Lassen" ist in Bilddarstellungen höchst selten zu finden. Hier aber erkennt man den alten Sinn: Taufen als völliges Eintauchen, als Ins-Wasser-Sinken! Fröhlich zieht der Afrikaner dann nach dem Taufakt seine Straße. Jetzt beginnt für ihn ein ganz neues Leben. Er gehört zu Jesus, er ist ein Christ geworden. (Man lese dazu Apostel-Geschichte 8,26–39, sowie Matth. 28,19.)

8. Von Abschied und Trauer

A. Zur Einstimmung

Erfahrungen von Trauer und Schmerz werden in unserer Zeit tabuisiert. Das ist bei Erwachsenen so, die dunkle Erfahrungen als unliebsame Störungen gern verdrängen. Auch glaubt man, Kindern keine Schmerz- und Trauererfahrungen zumuten zu können.

Gegenüber dem Phänomen Tod wird dies am deutlichsten. Man schiebt ihn heute an den Rand, während frühere Generationen ihre Sterbenden inmitten der Familien oft in einem besonders festlich hergerichteten Sterbezimmer ganz bewußt begleiteten.

Doch es gibt Anzeichen, die Entwicklung zum anonymen, abgeschobenen, unwürdigen Sterben zu überwinden. Hier und da wird erkannt, daß wir etwas von der Wirklichkeit menschlichen Seins einbüßen, wenn wir Sterben und Tod tabuisieren. Der Tod gehört mitten ins Leben. Unsere Vorfahren waren da klüger, realistischer, bewußter in ihren Haltungen und Riten. Die Ganzheit und Tiefe menschlichen Lebens und Erlebens erfährt man wohl nur im Auskosten von Höhen *und* Tiefen. Nur so reift der Mensch. Erwachsene leisten Kindern einen schlechten Dienst, wenn sie Schmerzerfahrungen um jeden Preis von den Kindern fernhalten wollen und darauf hoffen, daß kein Todesfall in der Familie oder Bekanntschaft eintreten möge. Kinder, die nie das Trauern lernen,

denen nach dem Tod eines Hamsters noch am gleichen
Tag ein neuer aus dem Zoogeschäft herbeigeschafft wird,
sind übel dran. Manche Eltern bauen um sie eine Schein-
welt auf. Diese Kinder werden daran gehindert, sich mit
dem ganzen Leben, dem Glück und dem Schmerz ausein-
anderzusetzen. Sie können nur geringe seelische Kräfte
entwickeln. Verkümmerungen, Fehlentwicklungen,
Schocks sind geradezu vorprogrammiert.

Wer aber Kinder am Werden und Vergehen der Natur,
am Jahreskreis, bei menschlichem Begegnen und Ab-
schiednehmen, beim Tod eines Tieres in ihren Empfindungen begleitet, sie Schmerz ausdrücken, Trauer ausle-
ben lehrt, der macht sie in vollem Sinn menschlicher
Regungen fähig.

B. Religiös-biblische Dimension

„Alles hat seine Zeit, Geboren-Werden und Sterben,
Pflanzen und Ausrotten, Weinen und Lachen, Klagen und
Tanzen . . .", so schreibt der weise Prediger Salomo im Al-
ten Testament (man lese dazu Prediger 3, 1).

Die Vergänglichkeit allen Lebens, der stete Wechsel
von Dunkel und Hell klingt als Grundmotiv in nahezu allen Religionen auf, doch gerade daraus resultieren auch
Sehnsucht und Hoffnung nach etwas Ewigem, Unver-
gänglichem. Im Licht biblischer Hoffnung ist der Tod
nicht das Letzte. Gott ist ein Gott des Lebens. Seit Ostern
gilt das Versprechen Jesu: „Ich lebe, und ihr sollt auch leben!" Daran dürfen sich Christen halten. In der neuen
Schöpfung Gottes wird es keine Vergänglichkeit und Ver-
weslichkeit geben, keine Finsternis, sondern das ewige
Licht Gottes.

An biblischen Gestalten von Mose bis Hiob ist abzule-
sen, wie gerade dunkle Erfahrungen, wie Glaubensprü-
fungen, Abschiede, Zweifel und Todesängste die Tiefe
und den Reichtum eines Lebens ausmachen, dessen letzte
Verankerung in Gott ruht.

C. Übungen für Erwachsene

I. In einer Seminargruppe erhielten Erzieher den Auftrag zum Satz: „Jeder Abschied beinhaltet ein kleines Sterben", Stellung zu nehmen. Sie sollten herausarbeiten und aufschreiben: Was spricht für, was spricht gegen diesen Satz, und evtl. eigene Beispiele zusammentragen.

Hier ein kleiner Ausschnitt aus dem *Seminarprotokoll:*

„Einige in unserer Gruppe protestierten zunächt gegen den Satz. Sie meinten, Abschiede seien eben nur eine starke Gefühlsbelastung, aber hätten nicht im entferntesten mit Sterben etwas zu tun. Andere meinten, in der Tat würde man vor allem bei endgültigem Abschied, z. B. am Ende einer gemeinsamen Wegstrecke und dem Umzug eines liebgewordenen Menschen, etwas unwiderholbar beenden. Wenn man vor der Trennung, vor dem plötzlichen Abschied viele gemeinsame Zukunftspläne gemacht hat, dann, so meinten alle, sei tatsächlich vieles nun zu „beerdigen". Aber es könnte auch anderes „lebendig bleiben". Das läge immer an den Menschen. Schließlich einigte sich unsere Gruppe, von kleinen und großen Abschieden zu sprechen, ob man eine Wiedersehenshoffnung habe oder nicht, das sei entscheidend. Alle großen endgültigen Abschiede, die könne man ein wenig mit Sterben und Beerdigen vergleichen, da sei eben etwas nicht mehr zurückzuholen, deshalb die große Trauer. Als wir uns darüber gerade geeinigt hatten, sagte eine Kollegin: „Was wir da formulieren, könnte man auch auf den Tod übertragen. Menschen, die keine Hoffnung haben, daß Gott Leben nach dem Tode schenkt, für die muß das unerträglich grausam sein, einen lieben Menschen zu beerdigen." Dann sprachen wir darüber, daß natürlich niemand behaupten dürfe, für den Christen, der an die Auferstehung und das ewige Leben glaube, sei der Tod eines anderen weniger schrecklich. Niemand dürfe den Schmerz des Todes klein ansehen. Aber – so sagte eine Teilnehmerin – da ist dann mitten im Dunkeln ein Licht, eine Hoffnung."
(Ende des Seminarprotokollausschnittes)

Gewiß könnte man auch im Mitarbeiterkreis den Satz: „Jeder Abschied beinhaltet ein kleines Sterben", auf ein großes Blatt Papier schreiben und dazu „Pro- und Contra-Meinungen" sammeln.

II. Es lohnt sich wohl, wenn Mitarbeiter eines Kindergartenteams sich im Rahmen einer Projektvorbereitung „Ich will etwas vom Tod wissen"[1] einander von ihren ersten Kindheitsbegegnungen mit Sterben und Beerdigen erzählen.

Aus mancher Erfahrung hilfloser, sprachloser Erwachsener,
die einem als Kind dann eben keine Partner gewesen sind,
könnten sich für das eigene pädagogische Handeln neue
Grundsätze gewinnen lassen: Wie können wir Kinder behutsam, aber realistisch, an die Wirklichkeit des Todes heranfüh-
ren? Wie können wir mit ihnen beim Verlust eines Tieres oder
eines Menschen Trauerarbeit leisten?

III. In einem „Brain-Storming"-Spiel kann man in kleinen Zweier-
und Dreiergruppen aufschreiben: Womit erleichtern wir uns Abschiede? Vielleicht wird dann etwa aufgeschrieben:

... wir schenken uns Erinnerungsgaben;
... wir machen Versprechungen wie: Ich denk' an dich,
... wir verabreden Brief- oder Telefonkontakt;
... wir freuen uns an Bildern aus gemeinsamen Tagen;
... wir reden über vieles, was zusammen erlebt wurde; Helles
und Dunkles.

In einem Nachfolgeschritt überlegen wir, welche Verhaltenswei-
sen auch in jenen Stufen der Trauerarbeit nützlich sind, die auf
die ersten Phasen des „Nicht-wahr-haben-Wollens", des inneren Protestes und des „Wie-gelähmt-Seins" folgen.

IV. In der Vorbereitung eines Projektes, das um das Thema
„Sterben" kreist, ist es gut, einmal als Gruppe von Erwachsenen auf einen Friedhof zu gehen. Wie empfindet jeder die Atmosphäre dort? Was sagen Grabsteininschriften von den Einstellungen und Hoffnungen der Hinterbliebenen?

D. Übungen mit Kindern

I. Was aus einer sterbenden Sonnenblume wird! Wir erzählen
uns von unserer Freude an den Sonnenblumen, von ihren gro-
ßen schweren Blüten, vom Altwerden der Sonnenblumen in
Herbstwind und Regen usw. Wir erinnern uns: Dann sind die
Sonnenblumen schließlich auf den Komposthaufen gekommen.
Doch was wird nun aus den „gestorbenen Sonnenblumen"?
Nach der Information, daß sie verwesen und langsam zu Hu-
mus, zu Erde werden (– vielleicht geht man zu einem großen
Komposthaufen, um dort Entdeckungen zu machen –), malen
wir mit Wasserfarbe und vielen dabei möglichen Farbabstufun-

---

[1] A. Becker / E. Niggemeyer, Ich will etwas vom Tod wissen. Otto Maier Verlag,
Ravensburg.

gen, wie die gelblich grau-grünen Reste der Blume sich weiter verfärben, dunkler werden, immer erdiger im Farbton ...

Im Anschluß an unsere Farbübungen kommt es vielleicht zu einem kleinen Gespräch, was wir mit be-erdigen" meinen (nur wenige Kinder wissen etwas vom „Wieder-zu-Erde-Werden").

II. Ein kleines toten Tier beerdigen ... In einer Gesprächsrunde erinnern wir uns an traurige Erfahrungen: Wenn ein Hamster gestorben ist oder wenn ein toter Vogel am Weg liegt. Meist haben wir ihn liebevoll beerdigt. Was gehört dazu? (Neben einem Schächtelchen als „Sarg" und Blumen werden fast alle Kinder auch ein kleines Kreuz erwähnen ...

III. Eine Geschichte von Abschied und Trauern. Die nachfolgende Geschichte, die nachträglich zu den Fotos im Kindergebetbuch: „Alles Gott erzählen"[2] geschrieben wurde, können wir in eine Bildgeschichte umsetzen. Vielleicht gestaltet man eine ganze Reihe von Bildern mit feuchten Wollfäden auf Teppichfliesen.

„Stefans Großvater ist früher Tischler gewesen. Jetzt hat er viel Zeit, mit seinem Enkel zu basteln. Stefan und sein Großvater bauen gern Modellschiffe und kleine Flugzeuge. Geschickt kann der Großvater mit den Werkzeugen umgehen. Das macht Stefan Spaß. Er lernt viel vom Großvater, und dann spielen sie mit den gebastelten Schiffen.

Stefans Eltern arbeiten beide in einem Geschäft, aber fast jeden Tag kommt der Großvater, dann freut sich Stefan. An einem Tag im November aber wartet Stefan viele Stunden. Nachbarn sagen ihm, daß sein Großvater morgens auf dem Weg zum Bäkker auf der Straße umgefallen sei, man habe ihn gleich in ein Haus getragen, aber sein altes, schwaches Herz habe schon still gestanden. Der Großvater tot? Und so plötzlich? In den Nächten danach kann Stefan nicht schlafen. Er wird immer wieder wach und sagt: „Nein, er darf nicht tot sein, er hatte doch Zeit für mich."

Dann kommt der Tag der Beerdigung. Stefan geht mit seinen Eltern hinter dem Sarg her, bald weint er, bald sieht er alle Menschen um sich fast wie in einem Traum. Er hört, wie der Pfarrer etwas sagt von Gottes ewigem Licht, das dem Großvater nun leuchten wird. Stefans Vater trägt einen Kranz für das Grab. Auf der weißen Schleife am Kranz steht auch Stefans Name.

Es ist ein dunkler Tag. Auf dem Heimweg vom Friedhof nach Hause sagt Stefans Mutter: „Ich werde jetzt weniger ins Ge-

[2] Wolfgang Longardt, Gütersloher Verlagshaus Gerd Mohn, S. 15–18.

schäft gehen, damit du den Großvater nicht so sehr vermißt,"
und sie legt ihren Arm um Stefan. Oft geht Stefan an das Grab
des Großvaters. In einem kleinen Glas trägt er mit seiner Mutter
ein Licht ans Grab und frische Blumen. Im Dezember haben sie
immer Großvaters Geburtstag gefeiert. Zu diesem Tag legen sie
einen neuen, schönen Kranz auf Großvaters Grab. In seinem
Zimmer hat Stefan ein Foto vom Großvater. Heute brennt davor
auch eine Kerze. Am Nachmittag holt die Mutter die Fotoalben.
Sie schauen viele Bilder vom Großvater an, von Familienfesten
und Ferien. Auf einem Bild läßt Stefan gerade ein neues Schiff
schwimmen. Der Großvater steht dabei und lacht. Sie reden
lange über ihn. „Ich werde ihn nicht vergessen", sagt Stefan.
„Wir behalten ihn lieb", meint Mutter.

Am anderen Tag geht Stefan wieder in den Bastelkeller. Er
nimmt das Foto des Großvaters mit, stellt es neben dem
Schraubstock auf und beginnt, ein neues, kleines Schiff zu
bauen. Er denkt: Großvater würde sich freuen, wenn ich jetzt
zeige, was ich gelernt habe von ihm ...

Anmerkung für den Erzieher: Welche Trauer-Phasen sind hier
erkennbar?

IV. Gedanken über das Symbol des Kranzes. Wir sitzen in der
Kindergruppe im Kreis und betrachten einen kleinen Kranz aus
Efeu. Er ist dicht gewunden. Man sieht nicht Anfang und Ende.
Mit den Händen können wir die Kreisform nachahmen. Ein Kreis
hat kein Ende, er umgibt etwas. Wir stellen eine Kerze in den
Kranz. Unsere Gedanken können auch im Kreis gehen, sie können die Kerze umgeben, oder einen Menschen, an den wir denken, weil wir ihn liebhaben. So wie der Kranz kein Ende hat, so
soll das Liebhaben nicht aufhören ...

V. Ein Friedhofsgang mit Kindern. An den Novemberfeiertagen
schmücken die Menschen die Gräber ihrer Angehörigen. In diesen Wochen lohnt es, mit Kindern über einen Friedhof zu gehen. Vielleicht stellt man Kerzen auf manches vergessene,
ungeschmückte alte Grab. Es soll bedeuten: Gott vergißt keinen Menschen. Er sorgt für die Lebenden und die Toten.

VI. Wer die religiöse Erziehung bejaht, wird vielleicht noch ein
paar Schritte weitergehen und an Ostern erinnern. Jesus hat
nach seiner Auferstehung versprochen: „Ich lebe, ihr sollt auch
leben! Gott ist stärker als der Tod." Zu diesem Versprechen,
das manche Christen auf den Grabstein schreiben, kann vertie-
fend das nachfolgende religiöse Kinderlied (auf Seite 58) einge-
führt werden:

Text und Melodie: Wolfgang Longardt

« Sie – he, sie - he, ich mach' al – les neu »,

spricht der Herr und hält Ver-sproch'nes treu!

Dies Ver - spre -chen hat der Herr ge –ge - ben:

« Wie ich le – be sollt ihr auch neu le – ben!»

9. Vom Baumstumpf und vom kleinen Trieb

A. Zur Einstimmung

So mancher singt seit Kindertagen das Lied „Es ist ein Ros' entsprungen" (womit ursprünglich ein Reis, ein Sproß, ein Trieb gemeint war).

Wer hat sich nicht schon gewundert, wenn ein Baumstumpf doch wieder ausgeschlagen ist? Niemand hatte damit gerechnet. Der Baum war gefällt, abgesägt, sein Leben beendet. Doch seine Kraft war noch nicht erschöpft. Plötzlich zeigte sich ein kleiner Trieb, ein Reis ...

Überall, wo etwas im pflanzlichen Bereich treibt und ausschlägt, ist das für uns Menschen ein hoffnungsvolles, frohes Zeichen. Mancher stellt einen Kirschzweig mit Knospen in warmes Wasser, den sog. „Barbara-Zweig". Diese Sitte soll erinnern an eine frühchristliche Märtyrerin, die „heilige Barbara." Zu Weihnachten gehen, falls man oft genug das warme Wasser erneuert, die Knospen auf. Das Blühende ist ein Hoffnungszeichen, ebenso wie alles Keimende, Sprießende.

B. Religiös-biblische Dimension

Für Hoffnungszeichen ist der Mensch empfänglich. Im Baum und seinem Sprießen sehen auch Menschen, die sich als „wenig religiös" bezeichnen, ermutigende Sinnbilder. Quer durch alle Weltreligionen und Konfessionen werden ähnliche Bilder besungen. So reimt Ben-Chorin:

„Freunde, daß der Mandelzweig
wieder blüht und treibt,
ist das nicht ein Fingerzeig,
daß die Liebe bleibt?"

Mitten im Winter schon Keimendes oder Blühendes zu sehen, geht tief in unser Empfinden ein. So ist es kein Wunder, daß auch in der Bibel, wie im christlichen Liedgut, die Geburt Jesu in vielen Hoffnungsbildern entfaltet wird. Im Choral „O Heiland, reiß die Himmel auf" lautet eine Verszeile:

„O Erd' schlag aus, schlag aus, o Erd',
daß Berg und Tal grün alles werd',
o Erd' herfür dies Blümlein bring,
o Heiland aus der Erden spring!"

Daß gleichsam aus einer Wurzel, aus einem Baumstumpf der „Jesus-Sproß" kommen soll, ist als Bildvorstellung an vielen Stellen des Alten Testamentes zu lesen. In Jesaja 11 lesen wir: „Und es wird eine Rute aufgehen von dem Stamm Isais und einen Zweig aus seiner Wurzel bringen, auf welchen wird ruhen der Geist des Herrn."

Ähnliche Hinweise gibt es in Jesaja 4,2 („... des Herrn Zweig wird lieb und wert sein"), aber auch in Hiob 14 und Hesekiel 17,22. Daß beim Fällen ein Stamm bleibt, der „ein heiliger Same sein will", ist ein Bild aus Jesaja 6,13.

Das Volk Israel hörte voller Hoffnung auf diese Prophetenreden, denn man wartete, daß aus dem Stamm Davids, jenem ruhmvollen Königsgeschlecht, doch eines Tages wieder ein König, ein Retter, kommen sollte.

Wenn im Liedgut sich die Bilder mischen, so wird aus dem Zweig, dem Reis, an dem die Blüten aufbrechen, bald eine Blume („Das Blümelein so kleine"). Die Liedforschung streitet bis heute über dieses „Ineinander-verwoben-Sein der Bilder". Immerhin treiben sowohl Rosen oder andere Blumen ebenso wie kleine grüne Zweige aus Ästen und Baumstümpfen. Aus der Wurzel Jesse (Jesaja)

kommt das Kind von Bethlehem, der Heiland für alle
Welt. Dies besingen Christen. Und weil Liebe verschwen-
derisch ist in ihren Bildern und Vergleichen, ist Jesus bald
die „Weihnachtssonne", bald ein „Reis", bald eine
„Blume", bald ein „Stern". Alle Hoffnung zielt auf ihn.

C. Übungen für Erwachsene

I. Meditatives Dialogspiel vor einem Bild. Vielleicht nimmt man
sich unter den Mitarbeitern des Kindergartens im November,
also einige Wochen vor Beginn der Adventszeit, einmal Zeit, gemeinsam phantasievoll sich in das abgebildete Foto zu vertie-
fen.

Die kleinen Seitensprößlinge könnten in unserer Phantasie
mit dem alten Baumstumpf „reden"! Auch für Erwachsene ist
es nützlich, ab und an sich die Dinge wieder beseelt zu denken.

Aus einem scheinbar toten Baumstumpf kommt neues Leben.

Praxisbericht: In einem norddeutschen Mitarbeiterteam, das sich schon daran gewöhnt hat, jedes neue Kindergartenthema zunächst persönlich zu erschließen und zu erleben, begann es so:
– Für mich sagt der Baumstumpf: „Nanu, ist es mit meinem Leben doch nicht aus? Ich hatte schon alle Hoffnung aufgegeben."
– Ich stelle mir vor, die kleinen Sprößlinge sagen: „Du bist doch nicht ganz abgestorben, aus dir heraus kommen wir, es ist noch Leben in dir, sieh wie grün wir sind."
– Vielleicht antwortet der Baumstumpf: „Als damals die Säge mich so grausam traf, blutete ich noch eine Zeit, aber dann schloß ich schon mit dem Leben ab. Doch jetzt dies, ich freu mich!"
usw.
(Ende des Praxisprotokolls)

II. Entdeckungen an unserer bildreichen Sprache. Es lohnt, in gemütlicher Runde sich einmal über die vielen „pflanzlichen Vergleiche" in unserer Alltagssprache zu unterhalten. Da fühlt sich jemand „so saft- und kraftlos". Ein anderer redet stolz von „seinem Sprößling". Ob man noch weitere Beispiele findet, positive und negative?

D. Übungen mit Kindern

I. Schattenspiel: „Wie aus einem Baumstumpf ein Zweig treibt". Eine Leinwand ist rasch zwischen zwei Türen gespannt und eine Lichtquelle in einiger Entfernung aufgebaut. Aus Karton reißt man mit den Kindern die rohe Form eines Baumstumpfes, der mit Stecknadeln an der Leinwand befestigt wird. Kleine Zweige, einen Sprößling, ein Reis können wir ebenfalls ohne Schere einfach mit der Hand aus Malkarton reißen. Ursprünglich, ein wenig krumm, aber echt vegetativ wirkend, geraten diese Versuche mit gerissenen Zweigen. Zunächst versteckt man sie hinter dem Baumstumpf. Während die Kinder ein paar Töne auf Orffschen Instrumenten erfinden, läßt man es langsam sprießen.

II. „... aus einer Wurzel zart". Mancher hat vielleicht gedacht, dies sei ein vorweggenommenes Frühlingsspiel (das könnte es auch sein), aber wenn man nun Text und Melodie eines alten Weihnachtsliedes hören und verstehen lernt und den Hinweis auf das Kind von Bethlehem, dann ist manches Kind sogar stolz, mehr darüber zu wissen als vielleicht Vater und Mutter.

Immer wieder beim Singen des Liedes „... von der Wurzel zart" redet man im Kindergarten und zu Hause darüber.

III. Einen kleinen Kanon könnte man zum Schattenspiel dazufügen oder auch als Gruppenpantomime ausgestalten. Mehrere Kinder sind zusammengekrümmt der Baumstumpf. Hände und Finger werden zu Sprößlingen, zu Zweigen, die vielleicht sogar kleine Blüten hervorbringen ...

Volkstümliche Weise

① Sieh auf die Wurzel, wie sie treibt, sieh auf die Wurzel
② wie sie treibt. Gott schenkt Hoffnung, die uns bleibt:
sein Zweig, der treibt!

IV. Haben die Kinder Freude an diesem weihnachtlichen Hoffnungsbild, so könnte man statt eines (vorweg genommenen Tannenbaumes) in diesem Jahr im Kindergarten eine große Baumwurzel aufbauen. Irgendein Vater schafft sie gewiß herbei. In die Höhlungen der Wurzel läßt sich viel einbauen; Kerzen, eine Höhle für Maria und Josef, Tiere usw. Natürlich kann eine Krippe auch am letzten Tag vor Weihnachten oben auf die Baumwurzel gesetzt werden.

V. Gestaltet man dagegen alles als Wandbild, vielleicht aus Flanell, so bietet sich die Chance, noch andere christliche Symbole, die auf den Weg Jesu hinweisen, zu verwenden. Es ist ein englischer Brauch, auch die Stechpalme (Ilex mit roten Beeren) schon zur Geburt Jesu als Schmuck mitzuverwenden, ebenso Efeu, das so stark vermehrend rankt und weiterwächst (nach alten Verständnis liegt darin ein Hinweis auf das weiblich-mütterliche Element, im Kontrast zum Stechdorn). Das nachfolgende englische Weihnachtslied, dessen Verse 2 bis 4 abweichend von der ursprünglichen Übertragung Georg Götschs für unsere zentral christliche Erziehung sprachlich neu gefaßt sind, kann vielfältig in Bildern nachgestaltet werden.[1]

Lied vom Stechdorn und vom Efeu:

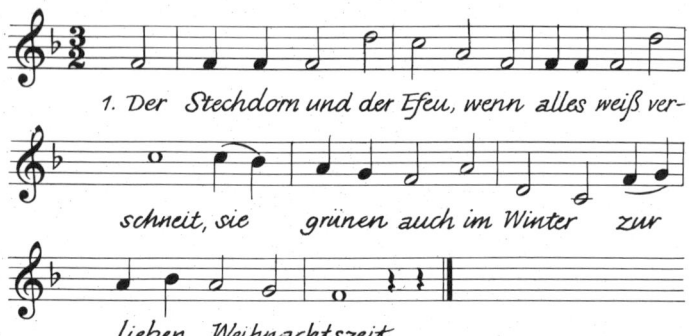

1. Der Stechdorn und der Efeu, wenn alles weiß verschneit, sie grünen auch im Winter zur lieben Weihnachtszeit.

2. Der Stechdorn, der trägt Blüten, die sind wie Lilien schön, und Maria schenkt uns Jesus Christ, uns zum Heile ausersehn.

3. Der Stechdorn, der trägt Beeren, die sind so rot wie Blut, und Maria schenkt uns Jesus Christ, der dunklen Welt zu Gut'.

4. Der Stechdorn, der trägt Dornen, die künden Schmerzen an, und Maria schenkt uns Jesus Christ, er wird Gottes Schmerzenmann.

Nachbemerkung: Auch für die Elternarbeit ist solche symbolische Arbeit, die manches Brauchtum neu entdeckt und im Sinn entschlüsselt, hilfreich. Viele Erwachsene singen gedankenlos die alten Lieder zur Weihnacht, ohne zu ahnen, welche Bedeutungstiefe darin liegt. Der „Zweig aus Davids Stamm", Jesus, bringt Licht und Heil, davon könnten Jung und Alt neu singen.

---

[1] Europäische Weihnachtslieder, hrsg. von A. Strube. Verlag Merseburger, Berlin.

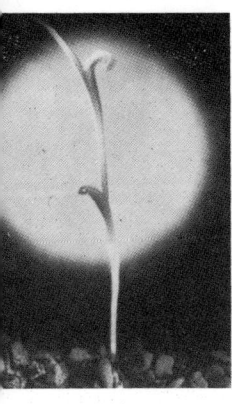

10. Von lebendigem Licht und künstlicher Beleuchtung

A. Zur Einstimmung

In jedem Jahr wird deutlich, welche Meisterschaft in festlicher künstlicher Beleuchtung wir bei der Illumination der weihnachtlichen Verkaufsstraßen erreicht haben. Das leuchtet und strahlt so hell, daß die Nacht fast zum Tag wird. Neben den Lichterketten, die quer über die Straßen gespannt werden und ungezählte Glühbirnen vereinen, stehen rhythmisch blinkende Lichter an immer prunkvolleren Christbäumen, daneben Punktscheinwerfer, die ein Objekt eindringlich herausheben, rotierende Lampen und vieles mehr. Auf den ersten Blick ist das imponierend. Aber bei aller Meisterschaft und klugen Berechnung der Lichteffekte kann man sich auch inmitten der Festlichter sehr verlassen und heimatlos fühlen. Diese Licht- und Beleuchtungskunst kann geradezu unbarmherzig wirken. Wie gut, daß wir neben den hochtechnisierten Beleuchtungseffekten auch natürliche Lichtarten kennen, z. B. Kerzenlicht, Kaminfeuer u. a.

B. Religiös-biblische Dimension

Auf den ersten Blättern der Bibel finden wir das Bekenntnis zum Schöpfer und der von ihm kommenden Kraft des lebensspendenden Lichtes. „Es werde Licht", heißt es in

1 Mose, 1, 3. Licht und Finsternis werden als die großen Kontraste geschildert.

In Abgrenzung vom Glauben anderer Völker, die Sonne, Mond und Gestirne als Gottheiten angebetet haben, formulierten die Glaubenden des Alten Bundes ihr Bekenntnis, daß leuchtende Gestirne Schöpfungswerke ihres Gottes sind. Von ihm geht alles aus. So verwundert nicht, daß der Schöpfer-Gott selbst als Licht bezeichnet wird und als ein „Im-Licht-Wohnender". (Man vgl. dazu Psalm 104 und 1 Tim 6, 16.) Im Neuen Testament nennt sich Jesus „Licht der Welt", um die Finsternis der Gottesferne zu durchbrechen. In allen biblischen Advents- und Weihnachtsbotschaften wird bildhaft vom Licht geredet, das Hoffnung bringt und Orientierung. (Man vgl. dazu Luk. 2, 32.)

C. Übungen für Erwachsene

I. Wir vergleichen unterschiedliche Lichtquellen. Einen Diaprojektor lassen wir ohne eingelegtes Dia eine Wand des Zimmers anstrahlen. Daneben stellen wir eine Kerze. Jeder Anwesende notiert zunächst für sich auf einem Zettel, was ihm an Unterschieden auffällt. Neben rein sachlich-physikalischen Beobachtungen werden gewiß auch emotionale Wahrnehmungen aufgeschrieben und später miteinander im Gespräch ausgetauscht.

Vielleicht scheint an diesem Tag auch die Sonne in den Raum, so daß man drei Lichtarten vergleichen kann.

Dazu ein *Protokollausschnitt* aus einem Erzieher-Seminar. Das Licht der Sonne sowie Projektor- und Kerzenlicht wurden experimentell verglichen. In kleinen Gruppen notierten die Teilnehmer ihre Beobachtungen und trugen später alles zusammen.

— „Wir haben zuerst mit unseren Händen Versuche gemacht, jede der drei Lichtarten möglichst abzuschirmen. Dabei entdeckten wir jeweils, daß Licht hindurchdringen will, auch schwaches, sanftes Licht. Hielten wir unsere Hände nahe genug an die Kerze, so schimmerte es durch die Zwischenräume unserer Finger."
— „Wir haben zuerst die unterschiedlichen Schattenwirkungen verglichen. Wie sanft sind die Schatten beim Kerzenlicht, das Hellere und das Dunklere fließen sanft ineinander über. Aber

der Projektor zeichnet harte Schatten, wie Grenzen zwischen Hell und Dunkel. Bei der Sonne war es ähnlich, aber die Grenzlinie zwischen dem Schatten und dem Licht war etwas weicher."

– „Uns fiel auf, welche Unterschiede in der Atmosphäre zu beobachten sind. Sanft erhellt und verwandelt eine Kerze den Raum, gemütlich anheimelnd. Ungemütlich wirkt das gebündelte Projektorlicht. Da, wo die Kerze sich gleichmäßig nach allen Seiten in ihrem Licht ausbreitet, herrscht jetzt Zweckbestimmung vor, die Zielrichtung ist gegeben."

– „In unserer Gruppe entdeckten wir das Entlarvende, Aufdeckende an starkem Licht. Plötzlich sieht man, was man sonst nicht sieht, soviele Staubteilchen schwirren hier im Raum herum, oder wie uneben die Wand ist,von der wir meinten, sie sei ziemlich glatt. Bei Sonnenlicht sieht auch eine gut ausgebürstete dunkle Jacke nie ganz sauber aus, da sind eben doch noch kleine Fusseln, die erst die Sonne sichtbar macht. Die Kerze ist dagegen harmloser, gemütlicher."

II. Schreibspiel zu Redensarten von Licht und Sonne. In einer Mitarbeitergesprächsrunde notiere man, möglichst ohne miteinander zu sprechen, auf einem großen Bogen Papier allerlei Redensarten und Sprichwörter, die einem von Licht und Sonne einfallen. Was einer aufgeschrieben hat, bringt den anderen auf einen neuen Gedanken, z. B.

... mir geht ein Licht auf!
... die Sonne bringt es an den Tag!
... du bist mein kleiner Sonnenschein!
... das Licht nicht unter den Scheffel stellen
... ich bin nur ein ganz kleines Licht
... die Lichter gehen aus

Im Auswertungsgespräch wird vielleicht deutlich, wie oft wir bei solchen Redensarten die Vergleichsebene des Lichtes wählen, aber Geistig-Seelisches meinen.

Man könnte auf dem schließlich vollgeschriebenen Bogen auch zunächst versuchen, alles, was einem positiv anmutet, mit heller Farbe zu unterstreichen, alles, was negativ erscheint, mit dunkler Farbe.

III. Imaginationsübungen „Als ich ein ganz schwaches Licht sah ..." – „Als ich ein erschreckend helles Licht sah ..." Vielleicht ist man vom Besuch solcher Fortbildungsseminare, auf denen die Ganzheit unserer persönlichen Wahrnehmung im Vordergrund steht, schon ein wenig gewohnt, auch im Kollegenkreis gelegentlich die innere Bild- und Vorstellungskraft wieder zu pflegen. Man schließt die Augen, konzentriert sich und versucht zu einem Stichwort Erinnerungsbilder in sich aufsteigen zu lassen. Die obengenannte doppelte Aufgabenstellung dürfte zumindest die Chance geben, sich an ein Lichterlebnis so plastisch zu erinnern, daß man es wieder vor seinem inneren Auge erstehen läßt. Erzählt man nach zwei bis drei Minuten einander von den Erinnerungsbildern, so kann es sein, daß im Zusammenhang mit dem schwachen Licht sehr unterschiedliche Empfindungen geäußert werden. Vielleicht wollte man es vor dem Verlöschen bewahren und war besorgt, daß es nicht ausgeht. Vielleicht war man bang, es aus dem Auge zu verlieren usw.

Im Zusammenhang mit dem erschreckend hellen Licht könnten Erfahrungen des Geblendet-Seins genannt werden oder des Ertappt-Seins, denn womöglich wollte man gern im Dunkel oder Halbdunkel bleiben und nicht plötzlich angestrahlt werden.

Anmerkungen: Besonders die Erfahrungen mit zu hellem, blendendem Licht liegt nahe an der Weihnachtsgeschichte des Lukas. Hirten, die auf dem Feld in der Nacht bei sanftem Licht ihres Feuers saßen und bei den Herden wachen mußten, erschraken über das Licht der Boten Gottes (angelus – Engel – Bote, Gesandter). „Fürchtet euch nicht", so wurden sie angeredet, und dann hörten sie die freudige Nachricht ...

Überhelles Licht, in dem nichts verborgen bleibt, in dem auch Unzulänglichkeiten zutage treten oder solches, was Menschen gern im Halbdunkel schlummern lassen, beschreiben biblische Erzähler, wenn sie vom Advent reden, von der Vorbereitungszeit auf die Ankunft des Friedenkönigs Jesu.

In der christlichen Tradition ist darum im Advent die Frage lebendig: Was muß bereinigt, was muß geklärt, verziehen und aus der Welt geschafft werden, ehe man dem „Licht von Weihnachten" entgegen gehen kann? Das alte Wort vom Licht, das in die Finsternis scheint" (Jesaja 60) ist gewiß elementarer zu verstehen, als es das stimmungsvoll, idyllische Bild einer Adventskerze ausdrücken kann. Der alte Brauch, sich vor einem Fest wieder zu versöhnen, Schuld zu bekennen, um Vergebung zu bitten und Zerwürfnisse wieder zu bereinigen, hat hier seinen tiefen Sinn. Man bereitet sich innerlich und äußerlich vor, das Fest der Geburt des Friedenskönigs Jesus zu feiern.

D. Übungen mit Kindern

I. Malspiel: „Alles was leuchtet". Vielleicht kann auf der Rückseite einer alten Tapete ein großes, langes Gemeinschaftsbild

entstehen, nachdem man sich in einem Arbeitsgespräch überlegt hat, wie viele Dinge leuchten. Doch neben Lampen, Kerzen,
Sternen, Feuer, Sonne und Mond könnten auch Gesichter aufgemalt werden, aus denen Freude „strahlt".

II. Beobachtungsspiel: „Vom Durchschimmern und Spiegeln".
Rund um das nachfolgende kleine Lied, das sich pantomimisch
mit ostinater Begleitung auf den Tönen f-c-d-c- begleiten läßt,
können viele Beobachtungen gemacht werden: Beobachtungen an Transparenten, an farbigen Gläsern, aber auch an Händen, die man behutsam vor das Licht einer Kerze hält,
Entdeckungen an Spiegeln, Metallteilen und den Augen des anderen, der in der Nähe der Kette sitzt.

Text und Melodie: Wolfgang Longardt

2. Erzählen will ich dir und mir,
   was wir vom Licht entdecken hier:
   Seht, wie es schimmert, sanft und schön,
   ist durch das Transparent zu sehn!
   Refrain folgt

3. Erzählen will ich dir und mir,
   was wir vom Licht entdecken hier:
   Es blinkt und spiegelt sich sogar
   in dein' und meinem Augenpaar.
   Refrain folgt

Freude am lebendigen, warmen Licht.

III. Wahrnehmen, wie Licht und Dämmerung den Raum verwandeln ... Im Dezember gibt es innerhalb der Kindergartenzeit gute Gelegenheit, einmal in großer Ruhe zu beobachten, wie es morgens nur langsam hell wird, oder am Nachmittag schon früh wieder die Abenddämmerung hereinbricht. Allmählich vollzieht sich dieser Wandel. Brennt derweil eine Kerze im Raum, können Kinder viele Beobachtungen machen: Etwa wie sich der erleuchtete Kreis um die Kerze verändert, wie die Schatten sich im Raum wandeln, usw.

Das Lied

„Gib uns Augen, gib uns Augen,
daß wir staunend seh'n,
wie ganz leis'
Verwandlungen, Verwandlungen gescheh'n".

könnte die kleinen Gespräche und zusammengetragenen Beobachtungen immer wieder unterstreichen. [1]

---

[1] Melodie und viele Strophen siehe: Leben im Jahreskreis – Frühling und Sommer, S. 43 ff.

IV. Lichtvergleiche: Mit den älteren Kindern der Kindergarten-gruppe lassen sich auch erste Versuche über die Eigenart von Lichtquellen anstellen (siehe unter Erwachsenenübungen Seite 66). Zumindest können sie das Licht eines kleinen Punktschein-werfers mit dem einer Kerze vergleichen. Die unterschiedliche Schattenwirkung wird ihnen auffallen, aber sie werden auch stark gefühlsmäßige Äußerungen machen.

V. Lichterspiele: Um Hilfen zur Konzentration und Freude an schönen, ritualisierten Abläufen zu vermitteln, könnte die Vor-weihnachtszeit immer wieder zu Lichterspielen benutzt werden.

Will man mit brennenden Kerzen wandern, wäre es gut, sta-bile Halter zu basteln, die auf breiter Fläche Tropfen des Stea-rins auffangen. In vielen Kindergärten sich „Lichtprozes-sionen" zu den schönsten Weihnachtsliedern auch dadurch gefahrlos bewerkstelligen lassen, daß man brennende Teelich-ter in gläsernen Trinkgläsern, die einen Henkel haben, benutzt. Viele handelsübliche Teegläser aus Preßglas haben Henkel. So kann man schon Dreijährigen das singende Herumwandern mit brennendem Licht ermöglichen.

Vielleicht setzt man bestimmte ritualisierte Höhepunkte in je-der Adventswoche, bei denen die Kinder im Kreis stehen, und ein Licht (in sicherem Halteständer) wandert herum:

„Die Kerze soll nun wandern
von einem hier zu andern,
soll neues Licht entzünden
von Bethlehem uns künden."

Dies läßt sich rhythmisiert sprechen und ein wenig instrumen-tieren. Immer, wenn von Licht und Kerze die Rede ist, erklingen Triangeln, beim Entzünden der nächsten Kerze eine Zimbel. Nach und nach wird es heller im Raum. Zu einem der liebsten Weihnachtslieder läuft man in einfachen Kreistanzformen um-her.

VI. Erschließen von Weihnachtsbildern: Auch lohnt es, auf Dar-stellungen der Geburt Jesu das Licht zu entdecken. Die Kinder finden es rasch beim Jesus-Kind und bei Maria. Wie bei einem Bilderrätsel, hinter dessen Bedeutung man kommen will, über-legen wir, was strahlt hier aus? Was bedeutet das Licht? Zuwei-len sieht es aus, als wäre um Jesus eine kleine Sonne gemalt. Wie kann man das verstehen? Auch manche Mutter sagt zärt-lich zu ihrem Kind, „mein Sonnenschein". In alten Liedern nennt man Jesus oft die „Weihnachtssonne". Später nennt er sich das „Licht der Welt" Aber auf vielen Bildern strahlt auch von Maria ein heller Glanz ...

Je länger gute Weihnachtsbilder auch alter Meister früherer Jahrhunderte im Kindergartenraum hängen, je öfter man sie betrachtet und dann vor ihnen sitzt und mit Blick darauf singt, desto vertrauter werden die Kinder mit solchen Bildern, desto mehr entdecken sie. Das ganze Jahr über schauen sie doch auf vieles nur flüchtig. Vor Weihnachten kann intensiver das Sehen geübt werden.

Dazu schreibt eine Hamburger Erzieherin in einem *Praxisbericht:* „Auf einem Fortbildungsseminar lernte ich den doppelten Begriff des *singenden Sehens* und des *sehenden Singens* vor Bildern kennen, insbesondere vor Weihnachtsbildern. An mir selbst entdecke ich die Wechselwirkung zwischen dem Liedtext, den ich auswendig (auf englisch „by heart" !) sang, und dem Weihnachtsbild. Bild und Text traten in eine Beziehung. Ich lebte mich in das Bild hinein. Auch die Musik half zum andächtigen Sehen. Und dann entdeckte ich, wie meine Gruppe geradezu verwandelt war beim auswendigen Singen vor einem schönen, alten, großen Weihnachtsbild. Diese Erfahrung gab ich den Eltern weiter. Einzelne gaben Rückmeldung, daß sich inmitten ihres sonst so hektischen Weihnachtsfestes für Momente etwas Wunderschönes ereignet hatte. Ich denke, auf diesem Wege kann man sich fast in ein Bild hineinmeditieren. Es geht auch gut bei Liedern vom Weihnachtslicht, die man mit Blick auf brennende Kerzen singt." (Ende des Berichtsausschnittes) [2]

VII. Wenn man Lichterengel modelliert und bastelt ... Wer die religiöse Erziehung nicht als Tabufeld betrachten will, könnte noch ein paar Schritte weitergehen: Auch überraschend viele Engel sind leuchtend hell auf den Weihnachtsbildern gemalt. Als Boten Gottes kommen sie aus seiner Lichterwelt.

Anmerkung: Doch wer mit Kindern über Engel und ihre Lichtbotschaft reden will, sollte auch die andere Engelsdimension kennen, nämlich die, von der Rudolf-Otto Wiemer spricht, wenn er formuliert: „Es müssen nicht Männer mit Flügeln sein, es kann einer sein, der gibt dir die Hand ..." (man vgl. dazu „Vorlesebuch Religion", Band 1, Verlage Benziger und E. Kaufmann). In der Tat: Für einen kleinen Augenblick können auch wir einander „Engelsdienste" leisten, Boten des guten Willens Gottes sein. Darum lautet der Refrain eines unbekannten modernen

---

[2] Weitere Werkstatthilfen für Lichterspiele und das Singen vor Bildern siehe in der katechetischen Spielmappe „Weihnachten entdecken", Christophorus-Verlag und E. Kaufmann-Verlag, hsg. von Wolfgang Longardt.

Kirchenliedes von Peter Janssens: „Werd' ich für dich, wirst du für mich der Engel sein?"

In vielen Kindergärten modelliert man Engel, die Kerzen halten. Bei dieser Gelegenheit lohnen klärende Gespräche darüber, wie vielfältig unsere Engelsvorstellungen sind und auch die der Bibel. Immer aber bedeuten „Engel" etwas Schönes, nie ein „Schimpfwort". Schade ist nur, daß weithin die Engelsvorstellung allzu niedlich geworden ist. Im ursprünglichen Sinn bringt ein Engel eine wichtige Veränderung. Läßt man Kinder Engel aus rohem Material modellieren, so geraten ihnen oft Engel jenes ursprünglichen Typs, den alte romanische Darstellungen bevorzugen. Solchen kraftvollen Engeln kann man zutrauen, daß hilfreiche Veränderungen eintreten, daß Not und Finsternis sich wandeln, daß in vollem Sinn des Wortes „Licht wird."

Wer mit Kindern oder Erwachsenen Engel oder Engelsleuchter bastelt, könnte die Gelegenheit nutzen, allzu idyllisch-niedliche Vorstellungen etwas zu korrigieren. Beim Basteln und Malen von Engeln, die das Weihnachtslicht tragen, kann uns und den Kindern wieder „ein Licht aufgehen". Auch alte Darstellungen mit Flügeln könnte man als Bilderrätsel angeben. Flügel haben bedeutet, z. B. über Mauern, Bäume, Grenzen sich erheben zu können ...

11. Vom Schenken als Zeichensprache

A. Zur Einstimmung

Nicht selten klagen Erwachsene über fehlende Geschenkideen. Meist wird dann gesagt: „Er (sie) hat doch schon alles, was soll man da schenken?" Übersättigung bis hin zum Sich-Langweilen vor „Gaben", die andere bringen, sind gewiß eine „Wohlstandskrankheit" und ein Alarmzeichen für phantasielose Beziehungen.

„Schenkerei" als Pflichtübung, Schenkerei als Prestigegeschehen, darunter leiden viele, ohne leider Konsequenzen daraus zu ziehen, etwa den Kreis der zu Beschenkenden radikal zu verengen, eben auf Menschen, mit denen man wirklich lebendige, warme Beziehungen hat.

Vom Ursprung her ist das Schenken eine Art „Zeichensprache". Wer schenkt, gibt dem anderen ein Signal, ein – meist wortloses – Zeichen, das auf seine Weise verstanden, gelesen, gewertet werden soll.

Jeder hat es schon erlebt, daß auf keinen Fall der finanzielle Wert darüber entscheidet, wie sehr wir uns über ein Geschenk freuen. Etwas kann uns tief anrühren, erfreuen, beglücken, obschon sein finanziell-materieller Wert recht gering ist. Aber dieses Geschenk ist dann offenbar „Zeichen für lebendige Beziehung", es ist wie Sprache ohne Worte. Mit viel Einfühlungsphantasie und vielleicht auch mit Mühe bereitet und zusammengestellt. Nun liegt es vor einem und sagt vielleicht: „Sieh, dies soll dir zeigen, ich hab' an dich gedacht! Ich hab' mir viel Mühe gemacht, hab' lange überlegt, worüber du dich freuen würdest." Schenken als zwischenmenschliche Zeichensprache geschieht nicht voraussetzungslos: Phantasie, Lebendigkeit, Einfühlungsvermögen sind einige Phänomene, die dabei unverzichtbar erscheinen, damit das Einander-Widmen von Gaben eben nicht degeneriert wird zur Schenkerei.

B. Religiös-biblische Dimension

Verfolgt man das „Gaben-Widmen" bis zu seinen frühesten Spuren in unserer Kulturgeschichte, so stößt man auf die kultischen Opfergaben. Um das Wohlwollen der Götter zu gewinnen, brachte man Gaben dar: Etwas von den Früchten der Felder, aber auch Vieh, vor allem junge Tiere. Doch der Gedanke des „Um-Zu" steckt in den Opfergaben. Es wird damit zeichenhaft deutlich, welche Wertschätzung man den Gottheiten gegenüber ausdrücken will – also ereignet sich auch hier schon ein Stück kultische „Zeichensprache". Wer ausdrücken will, daß die Gottheit als Lebensspender für ihn im Leben an erster Stelle steht, der zeigt dies im Opfern von Wertvollem. So wird auch ausgedrückt, daß man allen Besitz, alle Ernte im Grunde als „empfangene Gabe" betrachtet. Jetzt geschieht ein dankbares „Zurückschenken".

Auch im Alten Testament finden wir Beschreibungen unterschiedlichen religiösen Opferns: Abraham opfert seinem Gott zur Ehre und zum Dank. Isaak erlebt die größte Prüfung, als er mit seinem Sohn zum Opfer auszieht. Hier wird besonders deutlich: Was steht über allem an erster Stelle? (Man lese dazu 1 Mose 22.)

In der Weihnachtsgeschichte des Matthäus bringen die Weisen ihre Gaben für das Kind von Bethlehem. Ihre aus Liebe verschwenderische Zeichensprache findet Ausdruck in königlichen Geschenken: Jesus ist für sie König und Retter. Man darf sich vorstellen, daß sie der Landessprache wohl unkundig waren und wirklich nur in dieser Zeichensprache und im ehrfürchtigen, anbetenden Niederknien ausdrücken konnten, wieviel ihnen der Neugeborene bedeutet.

Zeichensprache will verstanden sein, darum bedarf es des aufmerksamen Wahrnehmens: Das gilt mir? Was kann ich daraus ablesen? Gott schenkt den Menschen das Kind von Bethlehem. Der herangewachsene Jesus verschenkt sich. Er gibt sich hin, aber nicht jeder hat „Augen, dieses Zeichen der Liebe Gottes zu sehen". Im großen wie im kleinen Schenken jedoch steckt immer ein Stück des Sich-Hingebens, des Sich-Verschenkens: Gedanken von mir, Zeit von mir, Phantasie, Liebe …

C. Übungen für Erwachsene

I. Nicht selbstverständliche, kleine Zeichen. Zu Beginn eines Erzieherseminars wurden alle Teilnehmer aufgefordert, einen kleinen Gegenstand aus ihrer Wohnung, der ihnen noch heute etwas erzählt und ihnen viel bedeutet, zu kneten. Als jeder nach einer Viertelstunde sein kleines Knetprodukt vorstellte und davon erzählte, warum es noch heute „auf seine Weise redet", sang man jeweils nach zwei kleinen Beiträgen, während dann das geknetete kleine Ding im Kreis herum von Hand zu Hand wanderte:

Text und Melodie: Wolfgang Longardt

Vie-les ist nicht selbstverständlich, auch in meinem Le-ben,

vie-les ist nicht selbstverständlich, das war mir ge-ge-ben,

da-für lohnt es heut'zu sin-gen Gott-sei – Dank!

Dieses kleine Spiel mit gekneteten oder aufgemalten kleinen Erinnerungen läßt sich gewiß in jedem Mitarbeiterteam wiederholen, man muß sich nur eine halbe Stunde Zeit dafür nehmen –
aber das Ganze wäre schon eine erste intensive Vorbereitung
einer thematischen Kindergarteneinheit: „Schenken ist schöne
Zeichensprache".

Vielleicht entdeckt man am Rande dabei auch, daß bei frag-
würdiger Schenkerei, bei pflichtgemäß übergebenen Dingen
diese auch etwas „sagen und zeigen", nämlich wie rasch sie ge-
griffen und eingepackt worden sind, wie gedankenlos mitge-
bracht ...

Aus solcher Kontrastbetrachtung könnten pädagogische
Zielvorstellungen erarbeitet werden, warum es wohl lohnt, mit
Kindern und Eltern Chance und Mißbrauch des Schenkens zu
bedenken.

II. Zur eigenen persönlichen Auseinandersetzung und thematischen Vorbereitung kann man auf einem großen Zeichenblatt
im Mitarbeiterteam ein „brain-storming"-Spiel ausprobieren:
„Geschenke und was sie uns sagen!"

In einem norddeutschen Mitarbeiterkreis einer Kirchenge-
meinde schrieb man unter anderem auf:

... dies hatte ich übrig!
... auf dem Krankenbett sollst du beim Anschauen dieser Blu-
    men an den kommenden Frühling denken!
... diese unmögliche Vase ärgert mich schon lange im Schrank.
... es wird Zeit, dieses alte Konfekt weiterzuverschenken.
... ich habe mir überlegt, was auf deinen Schreibtisch paßt.
... damit du auch in der neuen Umgebung an den gemeinsam
    gepflanzten Baum erinnert wirst, dies Foto für dich.
... ein Ersatz für den zerbrochenen Briefbeschwerer mit den
    zwei Katzen, an denen du so gehangen hast, modelliere ich
    zwei neue.
(Ende des Protokollauszuges)

D. Übungen mit Kindern

I. Die nachfolgende kleine Geschichte kann Zug um Zug bebil-
dert und vielleicht sogar pantomimisch nachgespielt werden.
Sie gibt gewiß Impulse, über das Schenken als Zeichensprache
nachzudenken:

Jens, Ute und Christian wohnen in einer Straße. Sie spielen jeden Tag zusammen. Zu Weihnachten hat Christian Rollschuhe

bekommen. Lange hatte er sie sich gewünscht. Aber schon am ersten Weihnachtstag fiel er damit so unglücklich, daß er sich das linke Bein verstauchte. Seine Mutter fuhr mit ihm zum Arzt. Der Fuß ist sehr dick angeschwollen, und seine Mutter machte um Christians Fuß Umschläge. Er hat Schmerzen und schläft nachts kaum.

Ute und Jens wollen ihm eine Freude machen. Sie basteln ihm ein Transparent und ein Fernrohr mit eingeklebten bunten Glasscheiben. Alles zusammen packen sie in einen großen Karton. Nun gehen sie zum Krankenbesuch. Mit dem großen Karton unter dem Arm und einem kleinen Blumenstrauß klingeln sie an der Wohnungstür. Christians Mutter öffnet und legt, ehe sie etwas sagen können, den Finger auf den Mund: „Er ist gerade eingeschlafen, in der Nacht hatte er starke Schmerzen." „Schade", sagte Ute, „wir wollten ihm ein Geschenk bringen und ihm eine Freude machen." „Ja", meint Jens, „er soll doch sehen, daß wir ihn vermissen, er soll bald gesund werden." Da hat Christians Mutter eine Idee: „Geht auf Zehenspitzen in sein Zimmer und legt das vor sein Bett, wenn er aufwacht, freut er sich!"

Ute und Jens ziehen die Schuhe aus und schleichen auf Zehenspitzen in die Wohnung. Sie legen ganz leise Blumen und den Karton mit den Geschenken an das Bett. Ein bißchen knistert das Papier, aber Christian schläft, er hat die Augen geschlossen und atmet tief. Sie sehen den dick umwickelten Fuß, Christians Mutter hat ihn etwas hochgelegt. Leise gehen sie hinaus.

Im Treppenhaus meint Ute: „Der wird sich freuen, wenn er aufwacht." „Hm", sagt Jens, „Dann sieht er, wir haben an ihn gedacht und Geschenke gebracht." Beide freuen sich, und deswegen gehen sie nicht wie die anderen Leute, sondern hüpfen und springen: „Der wird sich freuen, der wird sich freuen!" Tatsächlich macht Christian große Augen. Als er aufwacht, ruft er seine Mutter: „Was ist das für ein Karton mit Blumen?" „Den haben Jens und Ute gebracht, du sollst sehen, sie denken an dich. Du sollst bald wieder gesund werden." Dann hilft sie ihm beim Auspacken. „Haben die sich angestrengt, das Transparent mach mal ans Fenster an, und mit dem Fernrohr kann ich auch im Bett spielen, das ist toll." Vor Freude denkt er nicht mehr an den Fuß.

Natürlich kann man die einzelnen Szenen auch als Bilderfries malen und aneinanderkleben. Auf jeden Fall wird hier in den begleitenden, auswertenden Gesprächen deutlich werden können, welch schöne, wortlose Zeichensprache sich hier zur Freude von Christian ereignet.

II. In Fortführung der Gedanken rund um die Geschichte von Christian und seinem verstauchten Fuß wird zu überlegen sein, daß man gute Ideen braucht, um Freude zu machen. Einem, der im Bett liegen muß, machen Spielsachen, die nur im Freien zu gebrauchen sind, wenig Spaß. Man muß schon etwas Einfühlungsphantasie haben: In welcher Situation ist der, den man beschenken will, dem man zeigen will, wie man an ihn denkt.

Das nachfolgende Lied kann in solchen Gesprächen über gute, passende Geschenkideen zu den verschiedensten Anlässen, vor allem aber auch zu Weihnachten, gleichsam den immer wiederkehrenden, didaktischen „roten Faden" ergeben:

Text und Melodie Wolfgang Longardt

1. Schenk mit Lie - be, schenk mit Phanta - sie,
sonst er - freust du nie - man - den und nie.
Gott will viel mehr Lie - be hier auf Er - den,
da - rum soll es Weih-nacht wieder wer - den.

2. Nein, es geht nicht um die großen Gaben,
mancher will ein gutes Wort nur haben.
Gott will viel mehr Liebe hier auf Erden ...

III. In bestimmten Jahreszeiten pflegen wir das „Einander-Zeichen-Geben" besonders, z. B. im sogenannten „Wichteln" im Advent oder am Nikolaustag. Auch dabei gibt es gewiß manche Gaben „in der Nähe von gedankenloser Schenkerei". Aber zum Glück gibt es häufiger die Zeichensprache des Schenkens, die sehr phantasievoll und mit Einfühlungsvermögen sagt: „Siehe, dies habe ich mir ausgedacht, damit du nicht nur einen kleinen Augenblick, sondern noch oft daran Freude hast!"

„Zeigt her eure Füße, zeigt her eure Schuh'!"

Ein solches Beispiel belegen die Fotos aus einem süddeut-
schen Kindergarten:

Von den Erwachsenen wurden bunte Socken liebevoll gear-
beitet. Als Nikolaus-Socken fanden sie bei den Kindern große
Zustimmung. Sie wurden aber nicht einmalig benutzt, sondern
locken immer wieder zum Spielen.

Zunächst kann man den darin versteckten Inhalt – vielleicht in
Form mancher Süßigkeit – erspüren. Dann aber sind diese lusti-
gen Sockenschuhe für Begegnungsspiele zu gebrauchen, für
Phantasie-Dialoge („Sag, was war denn in dir versteckt?") und
vieles mehr.

Schließlich könnte dieses vorweihnachtliche Geschenk inmitten anderer Schuhe – und wie viele Sorten haben wir davon? –
anfangen, mit den wärmenden, schützenden Artgenossen zu
plaudern ...

Auf jeden Fall wird die immer neue Spielfreude auch zurück-
strahlen auf die Schenkenden.

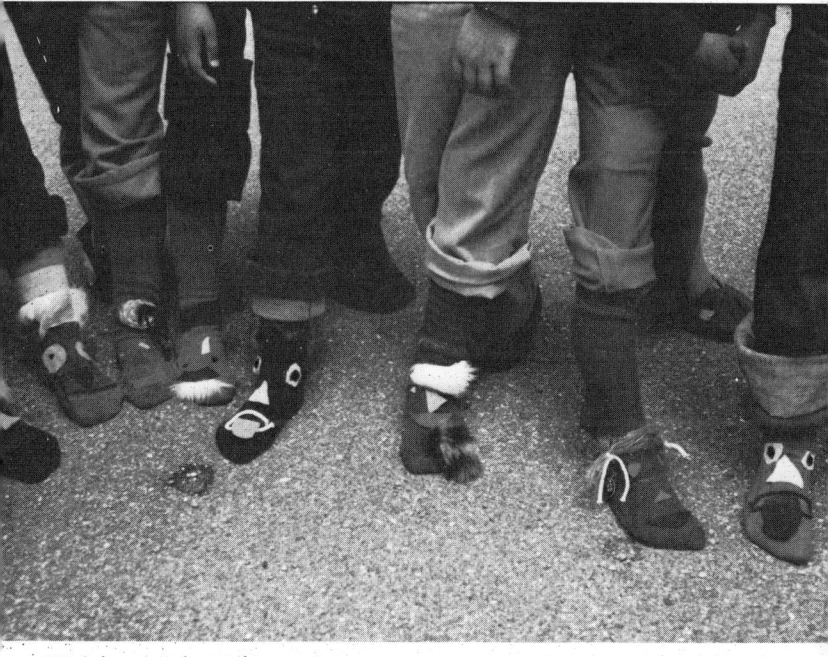

Welcher ist der Schönste?

IV. Vielleicht könnte auch ein kleines Schuh- oder Sockentheater entstehen, das irgendwann den Eltern als kleiner gemeinsamer Dank vorgespielt wird.

(Die Thematik der Fußbekleidung eignet sich dann auch, um im Januar wieder aufgenommen zu werden: Schuhe schützen. Wir zählen auf, welche Arten wir kennen oder schon besitzen. Es gibt viele Kinder in der Welt, die es nicht so gut haben ...)

Nachbemerkung: Anschließend an die Gespräche über „schöne Zeichensprache", die man auch pantomimisch ergänzen könnte (sich umarmen, streicheln, jemand an die Hand nehmen, ist schöne Zeichensprache), müßte man auch an gegenteilige Erfahrungen denken: es gibt auch andere Zeichensprache, Drohgebärden zum Beispiel.

12. Wenn alles
singt ...

A. Zur Einstimmung

Aus den zahlreichen Blues- und Spiritualtraditionen wissen wir, daß unsere farbigen Brüder auch in Trauersituationen singen. Dies scheint bei uns Weißen anders zu sein. Wir sagen heute zuweilen, uns sei jetzt wirklich nicht zum Singen zumute. Nur in gehobener Stimmungslage, in Freude und Glück pflegen wir wie von allein zu singen, zu summen oder ein Lied zu pfeifen. Offenbar war dies aber auch in unserem Kulturkreis nicht immer so, denn die Vielzahl alter, schöner Abschiedslieder und auch so manches wehmütige Liebeslied sind Hinweise auf Gewohnheiten früherer Jahrhunderte, auch in traurigen Augenblicken zu singen. Unbestritten ist jedoch die Wirkung der Musik auf unsere Seele. Immer größere Bedeutung gewinnt heute darum die Musiktherapie. Nicht wenige junge Eltern entdecken wieder den Wert eines Gute-Nacht-Liedes. Der ruhig schwingende Rhythmus und die wohlgeformte Melodie haben ästhetisch-emotionale Wirkung. Auch aus früheren Jahrhunderten sind uns viele Wiegenlieder überliefert. Alle Kulturpessimisten, die im Zeitalter der Tonbänder, Schallplatten und Kassettenrekorder das Ende des eigenen Singens und Musizierens prophezeit haben, sind inzwischen eines Besseren belehrt worden. Jung und Alt kaufen heute wieder Musikinstrumente – und nicht nur elektrische bzw. elektronische! Das

Singen etwa von folkloristischen Liedern erlebt eine Renaissance. Allmählich kommen auch deutsche Volkslieder vergangener Jahrhunderte wieder „in Mode".

Keine Zeit des Jahres aber lädt so zum Singen und Musizieren ein wie der Dezember mit Advent und Weihnacht. Zwar gibt es so manche Familien, die sich als Stimmungskulisse lediglich Lieder von Schallplatten vorspielen. Doch viele, viele singen an Weihnachten selbst. Etwa am Heiligen Abend steigen, verbunden mit den alten Liedern, viele Erinnerungsbilder in uns auf. Und wenn alles singt, dann stimmt man mit ein ...

B. Religiös-biblisches Dimension

Auch dem Nichteingeweihten fällt die Wortnähe von „Kultur" und „Kult" auf, sobald man beide Begriffe nebeneinander liest oder hört. In der Tat, es gibt keine Religion ohne Musik, Tanz und Lied zur Ausgestaltung der kultischen Feiern.

Oft wurde die Musik „Göttergabe" genannt. Zuweilen verehrte man – wie etwa im griechischen Kulturkreis – spezielle Götter der Musen des Tanzes, des Liedes. So verehrte man „Polyhymnia" als Muse des Gesanges, als Schutzgöttin aller Sänger.

Auch die Bibel ist voller Zeugnisse des Singens und Musizierens zur Ehre Gottes. Nach dem Zug durchs Rote Meer (man lese dazu 2 Mose 15) stimmte das Volk ein Loblied an. Auch für die heilende, tröstende Wirkung der Musik gibt es Belege. So wird der junge David an den Hof gerufen, um vor dem schwermütigen Saul zu singen und auf seiner Leier zu spielen, „... und es ward besser mit ihm", heißt es dazu im 1 Samuel, 16. Maria singt ihren Lobgesang. Sie ist bereit, die „Magd des Herrn zu sein" (man lese dazu Lukas 1). Und bis heute gilt es: Der einzelne Gläubige und die Gemeinde haben das Lied als ureigenste Ausdrucksform. Christen, denen das Loblied Gottes nicht mehr über die Lippen käme, hörten auf, Christen zu sein.

C. Übungen für Erwachsene

I. Imaginationsspiel: Kindheitserinnerungen von Gute-Nacht-Liedern. In einer entspannten Atmosphäre kann ein Mitarbeiterteam sich für eine halbe Stunde einmal an eigene frühe Kindheitserfahrungen, die tief in einem jeden in Bildern gespeichert sind, herantasten. Mancher wird sich vielleicht sogar an das eine oder andere Kinder- oder Abendlied erinnern, das beim Gute-Nacht-Sagen zu Hause am Bett gesungen wurde. Mit einiger Konzentration und Übung im Gebrauch der eigenen inneren Bildwelt kann man anschließend eine Imaginationsübung wagen, die Augen schließen und intensiv an abendliche Kindheitsszenen denken. Vielleicht tauchen Bilder von Mutter, Vater, Großeltern oder Geschwistern aus der Tiefe auf: die Atmosphäre vor dem Einschlafen oder beim Zu-Bett-Gehen kann wieder ganz lebendig werden.

Praxisprotokoll: Eine norddeutsche Erzieherin schreibt:

„Wir sind jetzt in unserem Team endlich soweit, daß wir nicht nur über äußere Dienstabläufe oder über die Projekte mit den Kindern reden, sondern wir haben die Offenheit gewonnen, auch über uns und unsere frühen Erfahrungen zu reden. Imaginationsübungen wie wir sie auf Fortbildungsveranstaltungen gelernt haben, praktizieren wir ziemlich regelmäßig. In uns gespeicherte Erinnerungsbilder von hellen und dunklen Kindheitsszenen erzählen wir einander. So ging es kürzlich, als wir uns für einen Elternabend zum Thema „Gute-Nacht-Zeremonien und ihre große Bedeutung für das seelische Wohlbefinden der Kinder" vorbereiteten und wieder Imaginationsübungen gemacht hatten. Wir hatten uns hinterher viel zu erzählen über den Unterschied, ob an unserem Bett früher nur eine Gute-Nacht-Geschichte erzählt wurde oder auch ein Lied gesungen wurde und sogar noch Zärtlichkeiten die Atmosphäre emotionaler Geborgenheit verstärkt haben. Eine Kollegin beschrieb uns auch ihren Teddy noch genauestens in allen Farben und erzählte, sie habe ihn soeben beim Imaginationsspiel wieder klar vor Augen gesehen und noch einmal erlebt, wie sie dann das Gute-Nacht-Lied, das ihre Großmutter immer mit ihr gesungen hat, nach dem Verlöschen des Lichtes unter der Bettdecke immer noch einmal mit dem Teddy leise zu wiederholen pflegte."
(Ende des Protokollausschnittes)

II. Gesprächsrunde: Welche Rolle spielt das spontane Singen beim Freispiel unserer Kinder? Ganz gewiß ist es eine lohnende Sache, sich im Mitarbeiterkreis einmal für die nächsten acht

Tage eine besondere Beobachtungsaufgabe vorzunehmen: Man achte auf das spontane Singen der Kinder! Manches erfindet sogar eigene Liedchen.

Nach einigen Beobachtungen trägt man zusammen, welche musikalischen Dinge jeder beobachtet hat. Neben dem Singen von bekannten Kindergartenliedern und solchen, die aus Rundfunk und Fernsehen bekannt sind, kommen gewiß auch eigene „Stegreifkompositionen" vor, vor allem im Spieldialog mit Puppen, Teddys usw. Interessant ist auch das Erspüren des stimmungsmäßigen Zusammenhangs von Situation und improvisiertem oder reproduziertem Lied. Schließlich könnte man auch wieder von sich selbst reden: Wann singen wir Erwachsenen? – Hoffentlich auch einmal außerhalb der Festzeiten.

D. Übungen mit Kindern

I. Freude ausdrücken und gemeinsam besingen. An jedem Tag geschehen Dinge, die Freude machen: ein besonders schönes Spiel, ein entdeckungsreicher Spaziergang, eine Überraschung, vielleicht auch ein kleines, improvisiertes Fest, usw. Im Gesprächskreis der Kindergruppe, in dem Ereignisse zur Sprache kommen und bedacht bzw. verarbeitet werden können, übt man, nach Mitteilung einzelner Anteil zu nehmen an den Erlebnissen anderer Kinder. Freude kann aufgenommen werden (hoffentlich teilt man auch Kummer!) Ist etwas genannt, was sehr schön war, können alle Kinder darauf mit folgendem „Gottsei-Dank-Refrain antworten:

Text und Melodie: Wolfgang Longardt

Dafür, dafür danken wir und singen «Gott sei Dank»,
daß so-etwas heut' ge - schieht, drum
singen wir dir, Gott, ein Lied. (♩ klatschen)

Bestimmt tauscht man sich noch weiter aus: über Dinge, die viel Spaß gemacht haben oder die gut gelungen sind. Erneut stimmen dann alle den Refrain an – wie zur gemeinsamen Bekräftigung.

Anmerkung: Wo integriert in das pädagogische Gesamtgeschehen täglich religiöse Erziehung geschieht, hat man vielleicht neben dem obigen Dankvers auch einen kleinen Vers, den alle anstimmen können, wenn von den Kindern Sorgen vorgetragen werden oder etwas, das wir anders machen müßten.[1]

II. Loblied zum Nikolaus-Tag. Wer inmitten aller Freude über den Nikolaustag und die kleinen Geschenke auch deutlich macht, welch leuchtendes Beispiel jener Bischof Nikolaus gegeben hat, der kann gewiß gerade für diesen Gedanken das folgende Lied verwenden, das sich auch in einfache Reigentanzformen bringen läßt:

Text und Melodie: Wolfgang Longardt

Du lieber heil'ger Nikolaus, heut' unser Lied er-klingt.
Große, Kleine freun sich heut' und froh ein jeder singt:
du hast schon vor Zeiten Kinder reich be-schenkt,
Gottes große Liebe hat dein Herz ge-lenkt.

---

[1] Siehe W. Longardt, „2 × 12 experimentelle Andachten." Gütersloher Verlagshaus G. Mohn. Gesungener Bittvers S. 21.

III. Das neugeborene Kind besingen. Das Singen vor Bildern er-
leichtert Kindern die Konzentration. Die Augen haben dann
gleichsam einen Zielpunkt. Der gesungene Liedtext tritt in eine
Wechselbeziehung zu dem, worauf die Augen ruhen.
Das Singen vor Weihnachtsbildern oder vor Krippenfiguren
läßt auch so manches unruhige Kind für einige Augenblicke „an-
dächtig" bei der Sache sein. Hat man noch keine Krippe aufgebaut, aber vielleicht schon inhaltlich auf die nahe Christgeburt
hingearbeitet, so könnten die Kinder auf Teppichfliesen mit vorher angefeuchteten bunten Wollfäden ein neugeborenes Kind
legen, darüber einen leuchtend hellen Wollfadenstern und
daran einen kleinen, halboffenen Stall. Vor einem solchen, vielleicht in Gemeinschaftsarbeit entstandenen ersten Weihnachtsbild oder mehreren kleinen, können die Kinder dann im
Kreis sitzen, und zunächst summt man die nachfolgende Melodie. Nun wird langsam das nach der Fertigstellung zunächst mit
einem Blatt Tonpapier abgedeckte Wollfadenbild freigelegt. Alle
Augen ruhen darauf. Dann singt man schließlich auch den Text.
Mit „sehendem Singen" und „singendem Sehen" machen Kinder und Erwachsene eine sehr intensive Erfahrung:

Text und Melodie: Wolfgang Longardt

1. Du neu-ge-bor'nes Kind, wir sin-gen dir ein Lied, weil
Gott mit dir be – ginnt, daß Frie-den neu ein-zieht.

2. Mit Instrumentenklang
   und fröhlichem Gesang
   bereiten wir ein Fest,
   weil Gott uns nicht verläßt.

3. Er sandte Jesus her,
   d'rum freu'n wir uns so sehr.
   In uns're Welt hinein
   fällt nun ein heller Schein.

13. Von schön Geformtem aus Eis und Schnee

A. Zur Einstimmung

Wohl jeder hat schon einmal überwältigt vor einer Schneelandschaft gestanden, die im Sonnenlicht tausendfältig glitzerte. Mancher hat Erinnerungen, wie er in Kindheitstagen die Eisblumen an den Fensterscheiben bestaunt hat. Schneekristalle verlieren vor allem für Menschen, die Freude am Fotografieren haben, nie ihren Reiz. Welche ungewöhnlichen Formen können entstehen, wenn der Wind den Schnee treibt. Welch Reichtum an skurilen und immer neu sich wandelnden Formen tut sich uns auf, wenn wir in Ruhe einmal die Eiszapfen an den Dächern betrachten oder tauendes und dann wieder gefrierendes Eis. Nur wenige Urlauber, die im Sommer etwa die Nordseestrände bevölkern, ahnen etwas von der Schönheit des Strandes im Winter, wenn das Eis sich übereinanderschiebt, wenn Gischt gefriert ... Selbst eine kleine Handvoll Schnee mit ihren Millionen von Kristallen kann das Staunen lehren ...

B. Religiös-biblische Dimension

Neben den Wandlungen der Jahreszeiten, dem Gang der Gestirne und ihren staunenswerten Gesetzmäßigkeiten haben viele Kulturen gerade die Verwandlungen des Ele-

mentes Wasser bewundert. Der Kreislauf des Wassers
über Wolken, Regentropfen, Grundwasser, Brunnen bis
zum erneuten Verdunsten oder Verdampfen ist vielfältig
besungen worden. Die Mächtigkeit des Wassers wurde in
mancherlei Riten benutzt, wenn auch freilich der Aggre-
gatzustand des Gefroren-Seins in den Hochkulturen rund
um das Mittelmeer nicht oder fast nicht vorkommt. Auch
in der Bibel sind darum Hinweise auf Schnee und Eis
recht selten. Immerhin wird auch die Schönheit des
Schnees besungen. Er kündet wie Hagel und Sturmwind
von der Größe Gottes (man lese dazu Psalm 148, 8). Zuweilen wird die außergewöhnliche Schönheit eines Gottesboten, eines Engels und seines Gewandes im Bild des
makellos weißen Schnees beschrieben, so in Matth. 28, 3
in Zusammenhang mit der Verkündigung der Osterbot-
schaft. So selten der Schnee in biblischen Landen auch ist,
man kennt ihn, bestaunt ihn. Doch wir sind ohne Frage
damit vertrauter, auch mit ungewöhnlich bizzaren
Schnee- und Eisgebilden. Ihr tausendfaches, kristallenes
Widerspiegeln des Sonnenlichtes läßt an das Lob des Psal-
misten denken: „Herr, wie sind deine Werke so groß"
(Psalm 104).

Für den nachdenklichen Betrachter liegt aber auch, gerade beim Betrachten der Schönheit von Eis und Schnee,
zum einen der Gedanke der Vergänglichkeit nahe, zum
anderen der Aspekt der Gefahr, die in diesen Elementen
liegen. Schnee kann in Lawinenstürzen zum Grab werden. Erfrieren bei klirrendem Frost ist ebenfalls lebensbe-
drohend. Die Ambivalenz der Elemente, selbst der schönsten, tritt hier wieder zutage.

C. Übungen für Erwachsene

I. Phantasie vor Spuren (Ideen zu einem Gedicht): Für jeden
Mitarbeiter kopiert liegt ein kleines Gedicht auf dem Tisch des
Dienstzimmers. Nachdem es jeder gelesen hat, sammelt man
Einfälle dazu. Welche Phantasie-Impulse geben uns Spuren im
Schnee?

Vor dem Fenster ich seh'
eine Spur dort im Schnee.
Jetzt noch klar, doch bald verweht.
Sag, wohin die Spur wohl geht?
War es ein hungerndes, leidendes Tier?
Stumm ist die Spur – doch sie redet zu mir ...

II. Konversationsspiel: Kennen sie keinen Schnee? Mit einem
kleinen Kassettenrekorder kann einmal an einem geselligen
Winterabend, vielleicht kurz vor Fasching, ein lustiges Konversationsspiel erprobt werden. Es eignet sich sowohl für eine Im-
provisation unter Erwachsenen als auch bei Jugendlichen und
Hortkindern.

Man verteile dazu folgende Rollen: Zwei Afrikaner, die in
Äquatornähe wohnen, und zwei Leute aus unseren Breiten treffen sich zu einer Talkshow. Das Thema ist: „Freuden des Winters in Schnee und Eis". Die Afrikaner fragen intensiv: Was das
denn sei, Schnee? Wie er entsteht, wozu er denn gut sei, usw.
Im Spielverlauf wird auf sehr lustige Weise deutlich, wie schwer
es ist, jemanden, der noch nie Schnee, Eiszapfen, Schipisten
usw. gesehen hat, die Schönheit und den Reiz zu erklären. Ja,
selbst rein physikalische Grundgegebenheiten muß man sich
erst einmal wieder klar machen, wenn man jemand, der keinen
Schnee kennt, etwas davon erklären soll.

D. Übungen mit Kindern

I. Spurensuchspiel im Schnee. Solche Spiele im Schnee haben
ihren besonderen Reiz. Eine Erzieherin oder eine junge Praktikantin erhält einige Minuten Zeitvorsprung und läuft im Schnee
voraus. Irgendwo versteckt sie sich selbst oder einen „Schatz".
Aber um den Spaß zu erhöhen, könnte sie auch einmal das
Schuhwerk unterwegs wechseln und eine kleine, kurz in die Irre
führende Spur legen.

II. Tierspuren im Schnee erzählen etwas! Das unter Erwachsenenübungen im ersten Abschnitt angeführte Gedicht kann gewiß auch die Kinderphantasie beflügeln. Nur werden die mit
Einfühlungsphantasie erzählten Geschichten der Kinder gewiß
anders ausfallen als die Erzählungen der Erwachsenen. Natürlich ist auch die Information über bestimmte Tierspuren eine in-
teressante Sache und das Nachzeichnen von Spuren auf dem
Papier. Beim nächsten Schneespaziergang beobachtet man
dann noch bewußter.

Oben: Einen
Schneemann zu
bauen macht
großen Spaß.

Nun ist er fertig
und schön
herausgeputzt.

III. Musik aus dem „Eiszapfen-Land". Hat man allerlei Eiszapfen am Dach des Kindergartens bzw. an der Regenrinne, so kann man sich eine „Phantasiemusik aus dem Land der tausend Eiszapfen" vorstellen. Vielleicht wählen die Kinder Klangträger aus Glas (Wassergläser, eine nicht zu kostbare Glasvase, dazu Metallophone aus dem Orff-Instrumentarium). In Verbindung mit der nachfolgenden Schneemann-Geschichte kann auch ein Charakterisieren des Schmelzens und Kleiner-Werdens versucht werden.

IV. Spiel zur unvollendeten Geschichte von den zwei Schneemännern. Die nachfolgende Geschichte ist am Ende offen zum eigenen Weiterführen. Vielleicht kann daraus auch ein darstellendes Spiel entstehen?

Die Kinder haben zwei schöne Schneemänner gebaut. Gestern den einen, sie nannten ihn „Hugo", und heute mit dem schon etwas knapp gewordenen Schnee noch einen zweiten kleinen Schneemann daneben. Ihn nannten sie „Gnomi, der Kleine". Beide waren mit Hut und Nase geschmückt, wie man eben Schneemänner baut. Aber am nächsten Tag gab es Tauwetter. Die Sonne lachte warm vom Himmel, die Schneemänner machten traurige Gesichter. „Wir müssen sie vor den warmen Sonnenstrahlen schützen", riefen die Kinder und holten zwei alte Regenschirme. Sie spannten sie auf und drückten sie Hugo und Gnomi in die Arme. Tatsächlich lagen die beiden Schneemannköpfe nun im Schatten. Aber hinten am Rücken und an den Seiten schmolzen sie von Viertelstunde zu Viertelstunde. Besonders Gnomi, den die Kinder nicht so sehr dick gebaut hatten, neigte plötzlich seinen Kopf nach vorn und verlor fast den Schirm. Das sah recht seltsam aus. Und wer ganz genau hinhörte, dem war es, als ob Hugo, der größere Schneemann, leise zu sprechen begann: „Oho, du verneigst dich vor mir, da fühl' ich mich ja wie ein König." Und Gnomi schien zu antworten: „Ich bitte untertänigst, mach mir mit deinem breiten Körper doch mehr Schatten." Tatsächlich wanderte die Sonne nun langsam so herum, daß am frühen Nachmittag Gnomi ganz im Schatten von Hugo stand. Und da, wo Hugos Schatten nicht hinreichte, da schützte ihn noch sein kleiner Schirm. In der Nacht kam wieder Frost, und als am anderen Morgen die Kinder herauskamen, um beide Schneemänner anzusehen, da war Gnomi wieder ganz fest gefroren, aber mit tief gesenktem Kopf und etwas nach vorn gebeugt. Das sah wirklich so aus, als ob er sich vor Hugo wie vor einem König verneigen wollte. Die Kinder hatten Spaß daran und umtanzten beide: „Hugo, der König, und sein kleiner Gnom! Hugo, der König, und sein kleiner Gnomi." Sie

nahmen Hugo den Eimer ab, den er bis jetzt als Hut trug und ba-
stelten ihm eine Krone. Drei Tage blieb es noch kalt, und die beiden gaben ein lustiges Bild ab. Aber was sie sich vielleicht
beide erzählt haben, konnte keiner mehr hören ...

Dann kam über Nacht der Frühling, und morgens fanden die
Kinder auf einem kleinen Schneehaufen eine Krone, eine Mohr-
rübe und daneben Hugos Schirm. Den Schirm von Gnomi hatte
der Wind über den Gartenzaun geweht, nur der kleine Eimer,
der ihm als Hut gedient hatte, lag noch da, und seine Mohr-
rübennase suchten die Kinder vergebens, die hatte wohl ein ...
(offener Schluß)

Impulsvariante: Weil die Kinder aber nicht wollten, daß die
Schneemanngeschichte schon zu Ende war, liefen sie ins Haus
und erbaten sich zwei alte weiße Bettbezüge, stopften Kissen
hinein und ... (offener Schluß).

Anmerkungen: 1. Natürlich kann man auch die Geschichte von
den Schneemännern Hugo und Gnomi verklanglichen. Die Kinder werden schon darauf kommen, in welcher Richtung die Melodie etwa auf dem Xylophon verlaufen muß, wenn das große
Schmelzen und Zusammensinken beginnt. – 2. Gibt man schon
innerhalb der Geschichte durch frühere Unterbrechung Raum
zur eigenen Phantasieausführung, so könnte sich vorher noch
allerlei ereignen – auch ein erneutes „Schöner-Werden" durch
frischen Schneefall oder Rauhreif ... – Irgendwann aber beginnt
die letzte Verwandlung.[1]

Ergänzender Materialhinweis: Sucht man für eine etwas größere Altersstufe, etwa für Hortkinder, eine passende Schneege-
schichte, die das Verwandlungsmotiv, aber auch das Staunen
über die Schönheit verschneiter Natur beinhaltet, so eignet sich
dafür das Märchen „Das Schneewunder" im Gütersloher Ta-
schenbuch Nr. 881, Seite 56.

IV. Spiellied vom Schnee
Sowohl als Fingerspiel als auch als Pantomime kann das
Schneelied auf Seite 94 gestaltet werden. Fallende Schneeflok-
ken sind im Fingerspiel leicht zu imitieren, das sanfte Zudecken
dann im Nachzeichnen der Konturen der Landschaft ...

---

[1] Zum Phänomen Schmelzen, Verwandeln siehe auch Leben im Jahreskreis –
Frühling und Sommer, die Kapitel 2, 5 und vor allem 15.

Text und Melodie: Wolfgang Longardt

Der Schnee, der fällt auf unsre Welt, ver - wandelt sie im
Nu, zart und weich, über - all zu-gleich.
1. Flocken fallen,. decken zu, vie - les hat darunter Ruh, zart und weich, überall zugleich.

2. Baum und Weg
sind schon verschneit,
zugedeckt mit weißem Kleid,
zart und weich, überall zugleich ...

(folgt Refrain)

14. Von der Jahreszeitenuhr

A. Zur Einstimmung

Viele Menschen empfinden nach den unwirtlichen Jahreszeiten Herbst und Winter die warmen, hellen Monate mit ihrem langen Tageslicht als Erlösung. Mit dem Frühling verbinden sich Hoffnungen. Was dort im Grundempfinden vieler Menschen lebendig ist, formuliert Ludwig Uhland so: „Nun muß sich alles, alles wenden ...", wie eine Zeile aus einem seiner berühmtesten Gedichte lautet, in der die linden Lüfte des Frühlings besungen werden. Aber es gibt auch Menschen mit anderen Lieblingsjahreszeiten. Mancher schätzt vor allem den goldenen Herbst mit seiner Verwandlung der Blattfarben, andere warten sehnlichst auf „weiße Weihnachten".

Selbst in Sprichwörtern und Redensarten spielen die Jahreszeiten mit ihrem unablässigen Kreislauf eine große Rolle. So ist es auch nicht erstaunlich, daß die Jahreszeiten in Bezug zum menschlichen Leben und seinen Phasen gebracht werden. Wir sprechen vom „Frühling des Lebens" und meinen damit Kindheit und Jugend. Ein oft gebrauchtes Wort an die älter werdenden Menschen, das sie ein wenig trösten soll, lautet: „Der Herbst hat auch noch schöne Tage!" Ohne Frage drängen sich diese Vergleiche auf, wenn wir z. B. auch davon reden, daß ein Jahr nun seine Höhe erreicht und daß ein Mensch den Zenit seiner Schaffenskraft erreicht habe. Dann sinkt die Kurve. Die

Jahreszeiten aber kommen und gehen, um wieder von
neuem zu beginnen. Sucht man dieses Wiederkommen im
Horizont menschlicher Existenz, so brechen damit welt-
anschaulich-religiöse Fragen auf ...

B. Religiös-biblische Dimension

Gegenüber manchen außereuropäischen religiösen Vorstellungen einer Seelenwanderung und der sog. „Reinkar-
nation" – etwa der Seelenwanderung im Brahmanismus –
finden wir in der Bibel eine sehr nüchterne, zuweilen sogar harte Darstellungsweise im Blick auf die Vergänglichkeit des Menschen. Die alttestamentliche Aussage, daß
„alles Fleisch wie Gras sei, das verdorre (Jesaja 40,6 und
7), nimmt das Neue Testament auf, wenn in Jakobus 1,10
und 11 vor allem warnend zu den stolzen, ihren Reichtum
überschätzenden Menschen gesagt wird, daß sie „wie eine
Blume des Grases vergehen werden." Aber im Angesicht
der Todeswirklichkeit singt der Psalmist auch von seiner
Hoffnung auf das neue Leben in Gottes Licht, wenn wir
in Psalm 90 lesen: „... der du die Menschen lässest sterben und sprichst: ‚Kommt wieder Menschenkinder.‘ "
Durchgängig durch viele biblische Bücher finden wir
daneben die Mahnung, bewußt zu leben, die Zeit zu nutzen, auszukosten und nicht „Jahre wie ein Geschwätz" zu
verbringen (Psalm 90,9). Über allem aber klingt in der Bibel immer wieder das Lob Gottes auf angesichts des zuge-
sagten beständigen Kreislaufes der Jahreszeiten (1 Mose
8,22). Die Ernte wird bestaunt und ein Dankesfest gefeiert: „Herr, du krönst das Jahr mit deinem Segen"
(Psalm 65,12). Der Mensch aber soll seine Vergänglichkeit und Bedürftigkeit erkennen und alljährlich den neuen
Erntesegen bestaunen sowie im Leben und im Sterben sich
der Güte und Zusage Gottes anvertrauen. In solchem Vertrauen des Glaubens konnte etwa Paul Gerhard dichten:
„... wir geh'n dahin und wandern von einem Jahr zum andern", und nennt Gott den „Hüter des Lebens", der Men-

schen unvergängliches Leben bereiten will. Glaubende
erkennen gerade im verläßlichen Wechsel der Jahreszeiten ein Zeichen der Treue Gottes.

C. Übungen für Erwachsene

I. Redensarten und Sprichwörter von den Jahreszeiten – wört-
lich gezeichnet: Redensarten, wie etwa „eine Schwalbe macht
noch keinen Sommer", u. ä. könnte man einmal füreinander als
Bilderrätsel aufzeichnen. Malt man eine Redensart wortwört-
lich, so kann dies besonders lustig sein. Vielleicht nutzt man
eine kleine Gesprächsrunde des Kindergartenteams für solch
ein Spiel, bei dem zwei kleine Gruppen füreinander Jahreszei-
tensprichwörter oder Redensarten zum Raten aufmalen.

II. Jahreszeitenuhr der Erwachsenen. Vielleicht skizziert man
einmal eine Jahreszeitenuhr für Erwachsene. Als typische Inhalte der Monate und Jahreszeiten werden Erwachsene ver-
mutlich andere Dinge hineinmalen als die Kinder. Auch wäre es
aufschlußreich, welche Grundfarben Erwachsene auf der
Farbskala auswählen, wenn es gilt, spezielle Jahreszeiten auf
dem Kreisbild zu charakterisieren. In jedem Fall gibt es reizvolle
Vergleichsmöglichkeiten, wenn später die Kinder ihre Jahres-
zeitenuhren gestalten. Ist das Mitarbeiterteam mit Instrumenten, etwa des Orff-Instrumentariums, vertraut, so sollte man
auch Klänge zu den einzelnen Jahreszeiten improvisieren und
auf einen Kassettenrekorder aufnehmen. Auch dies ist dann
hochinteressant, wenn man es später den gleichen kreativen
Klangversuchen der Kinder gegenüberstellt.

III. Malspiel der Jahresuhr mit hellen und dunklen Zeiten. Etwas
tiefer in das Phänomen der Zeit dringt man ein, wenn man zunächst ein Kreisbild als Jahresuhr, als Kreiskalender anlegt. So-
dann werden die Geburtstage, Festtage und Ferien hineinge-
malt. Ist dies zu Ende gebracht, so erscheint das kommende
Jahr (man bedenke, daß ein Kindergartenarbeitsjahr anderen
Zyklen folgt und eben nicht im Januar beginnt!) wie eine Kette
von vorausleuchtenden, bunten, hellen Ereignissen. Doch jeder
weiß, daß es auch andere Erfahrungen in den kommenden Monaten und Jahreszeiten geben wird, obschon niemand weiß,
wann sie uns treffen, wann wir einmal todtraurig sein werden.
Es lohnt zu überlegen, ob es möglich ist – damit unsere Jahres-
kalenderuhr oder Jahreszeitenuhr nicht allzu unrealistisch
„rosa" wirkt –, die anderen Erfahrungen auf irgendeine Weise

auch jetzt schon graphisch oder farblich anzudeuten. Ein reiches, volles Jahr enthält eben beides. Licht und Schatten, Freude und Kummer.

Praxisbericht: Als diese Aufgabe anläßlich eines Seminars im Hamburger „Evangelischen Zentrum Rissen" Erziehern gestellt wurde, kam es nach langen, intensiven Gesprächen in parallelen Arbeitsgruppen zu sehr unterschiedlichen Lösungen. Hier ein Protokollausschnitt:

Gruppe A: „Wir wollten nicht nur die Freuden der einzelnen Jahreszeiten und Wochen aufmalen, sondern haben hier und da einen dunklen Schleier über einen Zeitabschnitt gelegt." (*Anmerkung:* Zwei Erzieher dieser Gruppe trugen Trauerkleidung und hatten dunkle, durchsichtige Halstücher um).

Gruppe B: „Wir haben zum November, dem Monat der Totengedenk- und Totenfesttage, ohnehin violette und dunkle Farben gewählt, dann auch noch einmal zum Karfreitag. Und weil so manches Mal dunkle, traurige Dinge passieren, haben wir aus schwarzen Zeichenkarten hier und da über alle Monate und Jahreszeiten einige dunkle Pappstücke gelegt."

Gruppe C: „Wir haben lange geredet und wollten die bestimmt auch eintretenden dunklen Erlebnisse und Ereignisse, die noch irgendwann kommen, nicht direkt auf den Jahreskreis malen, sondern in die Mitte. So wählten wir eine Sonne, die halb dunkel, halb hell ist, und von beiden Strahlen fällt etwas auf unsere Tage, bald mehr die helleren, bald mehr die dunkleren."

D. Übungen mit Kindern

I. Wir gestalten eine bunte Jahresuhr: Nach eingehenden Gesprächen über die Jahreszeiten und darüber, was an ihnen schön ist, beginnt das Malen und Gestalten. Große Zeiger, drehbar montiert, zeigen schließlich an, in welcher Jahreszeit wir gerade sind.

II. Wollfadenkreisbild vom Jahreslauf: Auf eine große, einfarbige Wolldecke legen wir mit vielen bunten, vorher angefeuchteten Fäden unsere Jahresuhr.[1]

---

[1] Zur Technik des Wollfadenbildes siehe „Spielbuch Religion", hrsg. von W. Longardt, Verlage Benzinger und E. Kaufmann, Bd. 2, S. 231 ff.

Stolz zeigen die Kinder ihre Jahresuhr.

Natürlich ist vorher über jede Jahreszeit, über jeden Monat gesprochen worden: Wie sehen dann die Bäume aus, welche Blumen blühen, was spielen wir dann besonders gern? usw. –
Welche Feste sind dann, und wer hat in den einzelnen Monaten
Geburtstag? Vielleicht haben die Kinder eine besondere Idee,
wie man die Geburtstage darstellt. Ist alles schließlich fertig,
könnte man das auf dem Fußboden liegende bunte Jahresbild
umtanzen. Man kann auch von Jahreszeit zu Jahreszeit wandern. Eine andere Spiel- und Gestaltungsvariante besteht darin,
die Wolldecke vorher auf eine möglichst runde Platte zu heften.
So kann man „das ganze Jahr später drehen", und alles wirkt
so, als ob die Feste tatsächlich auf einen zukommen. Gewiß läßt
man das gemeinsam gestaltete Kunstwerk einige Tage liegen
und fotografiert es auch. Aber die Entdeckungen am bunten
Jahreskreislauf sind damit noch nicht vorbei. Schaut man auf
alle fröhlichen Farben, so könnte der Gedanke aufkommen, in
all diesen Monaten würden nur lustige, schöne Dinge geschehen. Daß auch Trauriges geschieht, daß jemand weint, ge-

schieht oft, aber wir ahnen es vorher nicht. Doch es gehört zum Jahr dazu, das nicht nur aus Fröhlichem besteht. Mit den Kindern kann nun das Überlegen beginnen, wie wir so manches Traurige, das wohl auch geschehen wird, ebenfalls darstellen. Möglicherweise kommen die Kinder auch auf bestimmte Kalenderzeiten, die von ihrem Charakter her weniger lustig sind, die uns an Menschen denken lassen, die gestorben sind, die wir lieb gehabt haben und noch lieben ... Die Frage der Farbgestaltung bestimmter, festgelegter Tage und anderer, in denen wir bald fröhlich, bald traurig sein werden, ist eine die Kinder in der Regel sehr faszinierende Aufgabe.

Praxisbeispiel: Aus einem Kindergarten in Schleswig-Holstein kam zur Jahresuhr und dem Darstellen der hellen und dunklen Tage im Jahr folgender kleiner Bericht:

„Ich lernte sie", so beschreibt die Kindergartenleiterin den Vorschlag einer Jahresuhr", in einer Kindergottesdienstarbeitshilfe kennen. Jetzt wollte ich auch mit den Kindern „ein Jahr des Herrn" darstellen. Natürlich begannen wir unsere Jahresuhrgestaltung mit den leuchtenden Tagen, den Geburtstagen, die jeder Monat hat, den Ferien, überhaupt den charakteristischen Dingen der Jahreszeiten. Was man in Frühling, Sommer, Herbst und Winter anzieht, wollten unsere Kinder aufmalen und auf die Jahreszeitenuhr kleben. An den Geburtstagen malte man Kerzen, das heißt, jedes Kind malte sie an seinem Geburtstag auf. Als wir dann über unser Traurig-Sein und unser Fröhlich-Sein sprachen und daß immer beides geschieht, schlugen die Kinder vor, außen herum verschiedene Gesichter zu malen. „Jeden Tag weint mal irgendeiner von uns," so sagte ein Mädchen. „Aber die anderen lachen und sind nicht traurig." So entstanden rund um das bunte Jahr viele Gesichter, lachende mit nach oben gebogenem Mund, andere mit nach unten gebogenem Mund als Traurige, und manche Gesichter auch mit Tränen. Schließlich stellten wir fest, daß doch die meisten Gesichter nicht weinten! Viele lachten. Ich selbst staunte, wie die Kinder den Gedanken von den hellen und dunklen Tagen aufgenommen hatten: Sie sprachen von Erfahrungen beim Tod der Großmutter, von einem überfahrenen Haustier, von Kummer, wenn sich einer verlaufen hat, usw. In die Mitte unserer Jahresuhr kam eine leuchtende Sonne. Dazu ereignete sich folgende Gesprächspartie: „Die scheint immer." „Stimmt nicht, es regnet doch auch." – „Quatsch, die ist immer da, bloß hinter der Regenwolke, Mensch!" – Und etwas später hörte ich, als zwei Mädchen sich nachdenklich das Ganze betrachteten, auch die unterschiedlich gestimmten Gesichter, daß sie sagten: „Die lachen hier, weil die Sonne scheint." – „Und die weinen hier, die

sehen gar nicht die Sonne, weil sie soviel Tränen davor haben,
die vor die Augen kullern." – „Hm, wenn sie ausgeweint haben,
sehen sie wieder die Sonne, weißt du."
    Ich will noch nachtragen, daß wir für den Familiengottes-
dienst unsere Jahresuhr dann in die Kirche trugen. Eine Praktikantin schrieb für die Eltern noch rund um die Sonne: „Gott gibt
uns ein neues Jahr", und die Kinder sangen während des Got-
tesdienstes nicht nur allerlei Jahreszeitenlieder, sondern auch
ihren Lieblingskanon:

> „Ich bin bei euch alle Tage,
> seid nicht bang.
> Ich bin bei euch alle Tag'
> und Nächte lang",
> spricht der Herr, spricht der Herr.

(Ende des Praxisberichtes)[1]

III. Verklanglichen einer Jahresuhr. Bestimmt macht es Spaß,
die Jahreszeiten einer fertiggestalteten bunten Zwölfmonats-
Uhr mit Klängen und Geräuschen zu charakterisieren.

---

[1] Die Melodie zu diesem Kanon findet sich in: W. Longardt, Du bist unter uns,
Kinder singen und fragen. Gütersloher Verlagshaus Gerd Mohn. S. 35.

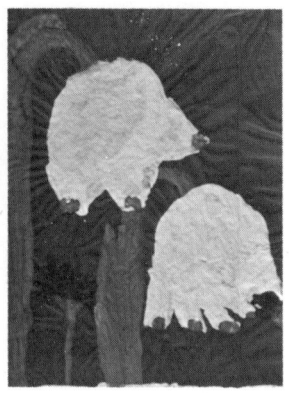

15. Vom Schwingen, Klingen und Nachhallen

A. Zur Einstimmung

In allen Teilen Deutschlands ist die Redensart bekannt, „etwas möglichst nicht an die große Glocke hängen". Dinge, die lieber nicht von Mund zu Mund herumgetragen werden sollten, die nur zwei oder wenige Menschen angehen, kennt jeder. Allgemeines Bekanntmachen würden wir als Unrecht empfinden. Glocken haben offenbar mit dem Aspekt, „etwas weit bekannt zu machen", zu tun.

In früheren Zeiten kannte man Sturm- und Feuerglocken. An vielen Orten gingen Ausrufer durch die Orte und trugen in der Hand eine Glocke. Läuteten sie mit dieser Handglocke, dann öffneten alle ihre Fenster oder Türen, dann lief man zusammen, um wichtige Neuigkeiten zu hören.

Kleine Glöckchen gibt es in nahezu jedem Haushalt. Man benutzt sie zuweilen als Tischglocke oder auch nur als Schmuckstück. Zum Kaspertheaterspielen gehört ein Glöckchen ebenso dazu wie in vielen Familien zum Ankündigen der Weihnachtsbescherung.

Glocken machen etwas bekannt, Glocken laden ein. Dies gilt auch für die gewaltig großen Glocken der Kirchen und Dome. Ihr eherner Klang beeindruckt und läßt uns verstummen. Er dringt weit ins Land. Bestimmte Ereignisse können wir uns ohne Glocken kaum vorstellen: etwa den Beginn eines neuen Jahres, große Feste des Jah-

res ... Für manchen verbinden sich mit heimatlichen
Glockenklängen Kindheitserinnerungen. Ganz gleich, ob
sich jemand als religiöser Mensch bezeichnet oder nicht,
Glockenklänge rühren uns an.

B. Religiös-biblische Dimension

Klänge gehören seit Urzeiten zum Kult. Neben dem Gesang benutzte man auch schon zur Ankündigung und Ein-
ladung kultischer Feste Klangerzeuger. Oft waren es
Trommeln, die weithin gehört wurden. Später blies man
von Türmen oder Erhebungen, aber immer zum gleichen
Zweck: man wollte das Ereignis, das kultische Fest bekanntmachen und dazu einladen. Die Kunst, große Glok-
ken zu gießen, ist erst jüngeren Datums, aber metallene
Klanginstrumente tauchen schon im Alten Testament auf:
Zimbeln und Schellen. In einer Anweisung über das prie-
sterliche Gewand Aarons, das ihn schmücken soll, wenn
er in das Allerheiligste geht, lesen wir im 2. Buch Mose 39
sehr Detailliertes: Unter anderem sollen kleine goldene
Schellen in den Saum des Priestergewandes gebunden
werden. Wenn er einherschreitet zum Gottesdienst, zum
Tempeldienst, dann „soll es einen guten Klang geben"
und für andere hörbar sein.
    In den Psalmen finden sich auch viele Aufforderungen,
zum Lob Gottes mit Zimbeln und Schellen Musik zu machen (z. B. in Psalm 150, Vers 5).
    In den Türmen der christlichen Kirchen hängen seit
Generationen (seit die Kunst des Glockengusses im
13. Jahrhundert entwickelt wurde) große, mit biblischen
Inschriften verzierte Glocken.
    In der Regel wurden sie vor dem Hinaufziehen in die
Türme geweiht. Sie sollen einladen, bekannt machen,
mahnen, verkünden. In ihrem Auftrag sind sie vergleichbar mit der Gemeinde und allen Christen, die das Evange-
lium weitertragen sollen. Daß darüber hinaus die Glocke
im Prozeß ihres Werdens und im Blick auf ihre Wesensbe-

stimmung auch ein Gleichnis für den Lebensweg des Menschen ist, taucht schon in der klassischen Literatur auf. Dieser Weg wird u. a. auch in manchen nun folgenden Übungen eingeschlagen.

C. Übungen für Erwachsene

I. Während eines vorweihnachtlichen Seminares sammelte man in Kleingruppen im „brain-storming" Einfälle zum Vers

„Keine Glocke dieser Welt
schwingt aus eig'ner Kraft,
weil das Klingen und Bewegen aus sich selbst
sie niemals schafft."

Nach einer halben Stunde trugen die Kleingruppen ihre Einfälle, ihre Assoziationen im Seminarplenum vor. Hier einige Gedanken der Erzieher:

– „Zuerst kam mir der Gedanke, daß ich mich auch oft einfach hängen lasse. Der Schwung ist mir ausgegangen. Dann bringe ich eben nichts, habe keine Kraft. Das kennt doch jeder, wenn er ehrlich ist, oder?"
– „Ich dachte an den physikalischen Vorgang. Tatsächlich kann die Glocke allein gar nichts. Von irgendwo muß ein Impuls, eine Kraft, ein Schwung kommen, sonst bleibt sie unbeweglich, bleibt sie eben stumm. Meist ist das heute ein Elektromotor, früher zog einer am Glockenseil. So war das noch bei uns zu Hause. Daß ich auch oft neuen Schwung brauche, neue Anstöße, kam mir noch als zweiter Gedanke."
– „Ich stamme auch vom Dorf und habe als Kind manchmal die Glocken mit meinem Bruder ziehen dürfen. Da fiel mir gleich ein, daß die ersten Bewegungen überhaupt noch nicht zum Läuten führen. Man hört bloß, daß die Glocke aus der Ruhestellung kommt, sich zu bewegen beginnt. Aber erst mit allerlei Schwung passiert es dann, daß der Klöppel an die Glocke schlägt. Ich weiß, daß es körperliche Arbeit ist und Kraft kostet, einige Minuten zu läuten. Es kostet ja auch Kraft, ein Gruppe in Schwung zu bringen."
– „Ich habe gleich an mich gedacht, nicht an die Kindergruppe. Wenn ich keinen Schwung mehr habe, muß ich ihn irgendwie neu bekommen: beim Schlafen, Ausruhen, Essen, Alleinsein, oder: ich muß ein Buch lesen, mit jemand reden, etwas Schönes erleben. Ich höre oft meine Lieblingsmusik, das gibt Kraft, finde ich."

- „Daß eine tolle Nachricht einen in Schwung bringt, das muß ich unterstützen. Aber wenn da nichts passiert, wenn man bloß einmal innerlich zur Ruhe kommt und ein Gedanke, ein Einfall entsteht in einem, das kann auch der Anstoß sein. Habe ich eine neue Idee, dann komme ich auf Touren."
- „Ich habe überlegt, ob der Kraftanstoß aus mir selber kommt. Genau genommen wohl nicht: Lese ich ein Buch, dann stoßen mich Gedanken von *anderen* Leuten an. Höre ich ein Platte, ist es die Musik von *anderen*. Erzählt mir einer etwas, das kann auch etwas Schreckliches, das muß nicht immer Schönes sein, dann komme ich in Aktion, in Gang, aber es ist immer ein Impuls „außerhalb von mir", der mich trifft! Selbst bei einem Stoßgebet denke ich, helfe ich mir, verschaffe ich mir Erleichterung, Entkrampfung, manchmal neuen Schwung, den ich nicht allein gehabt hätte."
- „Ein Mensch brennt von allein aus, erschöpft sich. Er braucht andere Leute, neue Erlebnisse, andere Erfahrungen. Aus eigener ‚Nabelschau' kommt wohl kein Schwung."
- „Mancher geht zum Therapeuten, klärt mit ihm vieles, arbeitet mit Hilfe von außen vieles auf, dann hängt er nicht mehr 'rum. Also ist das auch nicht hundertprozentig Kraft, die man nur aus sich selber findet."

II. In einem Mitarbeiterkreis, der sich angewöhnt hat, nicht nur über terminliche und organisatorische Fragen zu reden, sondern auch über pädagogische Zielvorstellungen, unternahm man einmal folgenden spielerischen, phantasievollen Versuch (der zurückgeht auf eine Fortbildungserfahrung der Leiterin!):

Auf den Fußboden im Mitarbeiterzimmer stellte man eine kleine Bootsglocke, deckte sie mit allerlei kleinen Tüchern etwas ab, aber sie war noch als Glocke zu erkennen. „Diese Glocke, so könnten wir uns in unserem Phantasiespiel einmal vorstellen, sei ein Kind. Wir schauen, wie es da am Boden ist, und stellen uns vor, was es leise sagen könnte zu uns!" So führte die Kindergartenleiterin das Phantasiespiel ein.
   Die Mitarbeiter und Mitarbeiterinnen saßen im Kreis drumherum, zum Teil rauchten sie eine Zigarette, zum Teil tranken sie Tee. Aber alle ließen sich auf dieses Spiel ein.
   In einem kurzen Ausschnittprotokoll seien hier einige Meinungen skizziert:

- „Ihr seid da oben, ihr seid wie Riesen, ich bin hier unten, so klein, hebt mich keiner hoch?"
- „Ich bin am Boden, wißt ihr, wie man sich am Boden fühlt? Zugedeckt, eingedeckt mit blödem Kram."

- „Wollt ihr stumme Kinder wie stumme Glocken? So unten am Boden kann ich nicht einen Laut von mir geben. Mich drückt was gegen den Boden. Hebt mich doch mal, laßt mich doch nicht hier unten."
- „Ich stelle mir vor, das Kind oder die Glocke braucht Hilfe, braucht Befreiung. Was da eindeckt, zudeckt, möchte ich wegnehmen. Ich möchte es heben und hin- und herbewegen, schwingen lassen."
- „Schwingen lassen geht nur, wenn Freiraum da ist. Und vielleicht eine Hilfe zum Ton-Geben, zum Sich-freuen-Können, zum Lebenig-Sein."
- „Die Glocke sagt vielleicht auch: „Immer, wenn ich mich laut freue, sagt ihr, ich soll leise sein. Ich möchte mich aber noch lange freuen können, lange nachhallen. Ihr ‚Runter-Drücker‘ könnt das nicht verstehen, wie?" (Ende des Ausschnittprotokolls).

In einem längeren Nachgespräch erkannten die Mitarbeiter, daß sich in der Tat pädagogische Zielvorstellungen vom Glocken-Gleichnis her finden lassen: Kinder brauchen Raum zum Ausschwingen, Bewegen, Tönen ... Kinder brauchen, daß man sie, wenn sie am Boden sind, wieder aufhebt, aufrichtet ... Kinder wollen nicht eingedeckt sein mit Dingen, die sie einengen, ihre Echofähigkeit abtöten. Kinder brauchen Nachhallzeit, Ausklingzeit ...

III. In einem Mitarbeiterfortbildungsseminar zu Entdeckung der eigenen „Weihnachts-Biographie", der Kindheitserfahrungen mit diesem Fest, übte eine Erziehergruppe ein Imaginationsspiel: Kann ich mich bei geschlossenen Augen an Glockenerfahrungen, Glockenklänge in Verbindung mit meiner Kindheitsweihnacht erinnern?"

Nach einigen stillen Minuten berichteten die Teilnehmer: Viele hatten heimatliche Glocken „gehört", aber auch erlebt, daß alte Bilder in ihnen auftauchen. Klang und Bild als Einheit. Einige Teilnehmer erzählten von Urlaubserinnerungen, von Szenen mit einem fremden Glockenklang, andere vom Gang hinter dem Sarg der Mutter beim Klang einer Glocke. Alle Teilnehmer hatten in sich Glockenerinnerungen. Hören sie heute Glocken, kommen dadurch Erinnerungen neu zum Schwingen. Man beschloß, auf einem Elternabend einen ähnlichen Versuch zu wagen.

D. Übungen mit Kindern:

I. Wir lassen Glocken und Glöckchen von zu Hause mitbringen, betrachten, untersuchen, vergleichen sie.

Wir veranstalten „Glockenspiele", indem wie in „Echogesprächen" aus den vier Ecken des Raumes nacheinander geläutet wird. Dann erproben wir Varianten: Zum einen räumlicher Art, z. B., indem eine Glocke von draußen, vom Treppenhaus her die anderen ruft, zum anderen versuchen wir regelrechte Glocken-Unterhaltungen (Frage und Antwort).

II. Wir gestalten das kleine Tanz- und Spiellied „Große Glocken, kleine Glocken kenn' ich ja so viele":

2. Doch der Klöppel bliebe stumm,
   wär' die Glocke nicht drum 'rum,
   gibt den Klang, der widerhallt
   und an unsre Ohren schallt.

III. Wir suchen auf Spaziergängen nach Glocken und ihrem Klang in unserem Ort. Zuweilen gibt es in moderneren Kirchen niedrige Glockenstühle oder gut zu sehende freischwebende Glocken. In bestimmten Fällen wird bei entsprechenden Sicherheitsvorkehrungen vielleicht auch mit den Kindern eine Kirchenturmbesteigung in Kleinstgruppen durchgeführt werden können. Zumindest aber das Erahnen der Größe mancher Glocken, das Empfinden der Lautstärke, der lange Nachhall werden überall möglich sein.

IV. Wir reden darüber, wann Glocken läuten und warum: Sie wollen etwas bekanntmachen, ankündigen, einladen. Dies gilt für Silvester und Neujahr genauso wie für Hochzeiten, Sonntagsgottesdienst, Trauerfeier oder Christvesper.

V. Schwingend führen wir das Weihnachtsglockenlied ein:

Text und Melodie: Wolfgang Longardt

Weihnachtsglocken hör'ich klingen, Weihnachtsglocken hör'ich schwingen, klingen weit ins Land hinein, laden uns zum Fest nun ein.

VI. Wir erzählen, wie Glocken gegossen werden und daß eine Form dafür nötig ist. Aus erhitzter, flüssig gewordener Bronze oder aus Stahl entstehen Glocken. (Vielleicht können wir eine Glockengießerei besuchen bzw. Bilder davon zeigen.)

VII. Nun basteln wir selber Glocken: Wir bemalen Blumentöpfe und hängen eine Holzkugel hinein, wir umkleiden einen Papierkorb oder eine große Gartenkiepe mit Papier und hängen innen einen Orffschen Klangstab auf. So entstehen vielleicht in der Gruppe mehrere „Spielglocken". Das umkleidete Papier bemalen wir. Für eine „weihnachtliche Glocke" haben die Kinder gewiß viele Ideen.

Nachbemerkung: Auf Fortbildungsseminaren haben Erzieher sich über Drahtgeflechte, die man rund formte, mit Kleister und

Papierschichten große, schöne Spielglocken gebastelt. Trocknen die Kleister- und Papierschichten – ähnlich wie beim Herstellen von Kasperköpfen – so kann man die feste Oberfläche dann weiter von den Kindern ausgestalten lassen oder Dinge dort mit Klebestreifen befestigen: Bilder, Texte, Lieder u. ä. Vielleicht baut sich jede Gruppe im Kindergarten eine Gruppen- oder Gemeinschaftsglocke mit den Gesichtern der Kindern darauf, die sich auf Weihnachten freuen.[1]

VIII. Wir überlegen, wie wir pantomimisch-tänzerisch Glocke spielen können, sowohl allein, zu zweit oder zu mehreren. Benutzt man dazu das Weihnachtsglockenlied als Bewegungsimpuls, so wäre es reizvoll, auch die lange Nachklinge-Phase zu gestalten.

IX. Vielleicht malt man auch kleine Bilder, die ausgeschnitten auf die großen Spielglocken geklebt werden: Was man nicht kaufen kann, was aber zu Weihnachten froh macht! Natürlich könnten auch Weihnachtsbräuche und die biblische Weihnachtsgeschichte auf die Glocke gemalt werden. Man läutet sie dann und macht alles damit „bekannt"; man lädt ein, daß andere sich mitfreuen können.

X. Parallel zu einem „Glocken-Motiv"-Elternabend kann die Fähigkeit der Glocke, lange nachzuklingen, nachzuhallen, zu schwingen, auch wenn man es dann nicht mehr hört und nicht mehr sieht (nur noch beim Berühren spürt!) mit den Kindern bedacht werden: Nachklingen kann heißen, lange sich noch freuen! Lange noch an das Erlebte denken, so etwas will man unter Umständen gerade nach Weihnachten üben.

XI. Nach dem Fest, zu Beginn des neuen Jahres, könnten Zeichnungen aller Weihnachtserlebnise „an die große Glocke gehängt werden". Man hat viel Grund, sich noch lange zu freuen und zu danken.

XII. Haben die Kinder ihre Gruppenglocke liebgewonnen, so können daraus weitere Festglocken oder eine Geburtstagsglocke werden: Was man dem Geburtstagskind Gutes wünscht, wird auf die Glocke gemalt bzw. als ausgeschnittene Zeichnung angeheftet. Aber den Orffschen Klangstab läuten und das Ganze bewegen darf dann das Geburtstagskind.

---

[1] In der Zeitschrift „was + wie" findet man im Heft 3/84 detaillierte Werkstattberichte von vorweihnachtlichen Glockenspielen und Glockenfeiern der Kinder.

XIII. Überall da, wo man mit den Kindergartenkindern auch Gottesdienste und Andachten feiert, können alle obigen Vorschläge Gottesdienstbausteine werden. Vielleicht baut man eine Dankgebetsglocke und eine Bittgebetsglocke. Welche Tonhöhen (Klangstäbe!) hineingehängt werden, wird von den Kindern entschieden. Man kann auch Bilder zum Danken und Bitten im Gottesdienst aufkleben oder kleine Spontansätze sprechen und die entsprechende Dank- oder Bittglocke zum Tönen bringen. Die Eltern haben gewiß auch Ideen für Bitt- und Danksätze, die „an die Glocke" sollen!

Nachbemerkung: Auch die Osterthematik eignet sich hervorragend zum Ausgestalten mit einer Glocke, die alle Freude weitertragen soll!

XIV. Schließlich kann ein Phantasiespiel folgen: Was sich die Glocken im Turm vielleicht erzählen. Immerhin haben sie fröhliche Ereignisse bekanntgemacht und erlebt, aber auch viel Trauriges mitbekommen. Nach einer guten atmosphärischen Einstimmung, wie es da oben im Kirchturm vielleicht sein mag, wie der Wind singt, aber auch mancher Vogel oder eine Turmeule, können sich Kinder hineinspüren, daß sich manchmal vielleicht auch die Glocken etwas erzählen wollen: Den Menschen erzählen und melden sie ja vielerlei ...

Nachwort

Wer die Redewendung: „Man lernt eben nie aus", benutzt, denkt in der Regel vor allem an ein Lernen im kognitiven Bereich, vielleicht auch an handwerkliche Fähigkeiten, die vervollkommnet oder ausgeweitet werden, seltener aber an Erfahrungslernen, das die ganze Persönlichkeit umgreift.

Für ein Lernen an Erfahrungen ist Offenheit nötig. Wer in den Tag hineinlebt, wer kaum noch wahrnimmt, wie fest alle seine Lebensstrukturen sind, wie unfähig für das Entdecken von Wandlungen und Verwandlungen ein Mensch werden kann, der ist wohl auch dafür verschlossen, am Kreislauf der Jahreszeiten, am Werden und Vergehen der Natur Staunenswertes wahrzunehmen, das sehr wohl zum eigenen Leben Beziehung hat.

1. Offensein für neue Erfahrungen – lebenslang

Gelegentlich treffe ich Siebzig- oder Achtzigjährige, die trotz ihres hohen Alters noch voller kindlicher Neugier und voller Fähigkeit zum Staunen sind. Eine Lebendigkeit gegenüber allen großen und kleinen Wundern zeichnet sie aus, die einfach ansteckend und erfrischend wirkt. Welch ein Kontrast dazu ist es, manchem Vierzigjährigen oder Jüngerem zu begegnen, der sein Wahrnehmungsvermögen für das Ungewöhnliche, seine Neugier auf Unbekanntes hat verkümmern lassen. So manche Fähigkeit wird ohne Pflege eben stillschweigend „beerdigt". In vollem Wortsinn *leben* solche Menschen gar nicht mehr, zuviel an ihnen und in ihnen ist schon tot – oder wie tot.

Wer mit Kindern bewußt *leben* will, muß an sich arbeiten, damit er nicht fortlaufend Fähigkeiten absterben läßt und beerdigt, die ihn unfähig für neue Lernerfahrungen machen.

Als Kind besitzt der Mensch – seelische Gesundheit vorausgesetzt – die Offenheit neuen Dingen gegenüber und die Fähigkeit des Sich-Einschwingens. Als Erwachsener haben wir einiges „Training" nötig, wieder tiefer wahrzunehmen, zu staunen und uns anrühren zu lassen.

Mancher übt während des Urlaubs bewußtes, intensives Sehen, doch bald danach lebt er wieder fast blind dahin, nur noch die ganz groben, knalligen Reize werden wahrgenommen. Gedanken verschwenden wir dann kaum noch für das Undramatische, das Leise, das Hintergründige.

Zuweilen wird heute auch bewußte, wach-sensible Lebensweise als romantisch, nicht realitätsgerecht und lebensfern bezeichnet, doch sind wir alle Menschen, die seelische Bedürfnisse haben. Achten wir auf diese Bedürfnisse nicht etwa durch ein ständiges Tempo-Leben ohne Muße oder durch pausenlose laute Außenaktivität, der kein inneres Auspendeln entspricht, so verkrüppeln wir an unserer Seele. Eindrücke nehmen wir immer weniger wahr, die Ausdrucksfähigkeit nimmt erschreckend ab. Kinder in unserer Nähe leiden darunter, ehe wir es bemerken.

Sind wir aber als Erwachsene wieder „ganz dabei" – beim Staunen über Regenbogen oder Sonnenblume – dann verändert uns dieses „Sich-in-die-Sache-Versenken". Von seiner Gestalt werden wir gestaltet.

2. Offensein für Lernerfahrungen mit den Kindern als Partner

Mancher hat es schon erlebt: Kinder sehen mehr und sehen anders. Sie können uns allerlei lehren. Haben wir wieder mit ihnen das Schauen gelernt – „Schauen" bezeichnet wohl einen tieferen Vorgang als unser Wort „Sehen" –, dann sind wir Lernpartner.

An Kindern kann man auch die „Zwiesprache mit den Dingen", wie Spranger das genannt hat, beobachten. Sie reden nicht nur mit ihrem Teddy, nein, auch mit ihrer Sonnenblume, während sie sie pflegen, gießen, festbinden usw. Nun dürfte es uns als Erwachsene schwerfallen, wieder in diese kindliche Zwiesprachesituation zurückzufinden, aber es könnte uns, angeregt durch das Beispiel der Kinder, gelingen, daß die Dinge wieder zu uns reden!

Der Baum, der unlängst vor unserem Haus gepflanzt wurde, muß für uns nicht nur eine Straßenverschönerung und ein Luftverbesserer sein. Er kann zu uns reden als Abbild unseres Lebens! Mensch und Baum haben viele Ähnlichkeiten. In die Tiefe und in die Höhe strecken sich die Bäume. Ihre Verwurzelung ist wichtig, aber unserer Verwurzelung als Mensch schenken wir so wenig Beachtung. Ein Chanson ist überschrieben: „Mein Freund, der Baum". Freundschaften haben ihren wirklichen Wert im wechselweisen Sich-Bereichern. Einen Baum zu pflegen, ihn zu schützen, das wird immer wichtiger, aber sich von ihm nachdenklich machen zu lassen, zu „hören, was er von seiner Lebensweise sagt", das wäre Gewinn. Der Baum hat seine Phasen der Ruhe, des Kräftesammelns. Es lohnt sich schon, dies mit dem eigenen Leben zu vergleichen. Statt des kindlichen Phantasiegespräches könnte uns eine kleine Meditation gelingen, die uns den Baum, seine Lebensweise und andere Art zu leben bewußt macht.

In den Naturbildern können wir Gleichnisse für das menschliche Leben erkennen. Unsere vielfach doppelbödige Sprache kann uns wieder empfindsam machen, welche geistig-seelischen Wirklichkeiten wir z. B. ausdrücken, wenn wir sagen: „Einen alten Baum soll man nicht verpflanzen."

Finden wir Zugang zu solchem empfindsamen, gleichnishaften Wahrnehmen von Naturphänomenen, dann können wir unsererseits den Kindern tiefe Impulse geben, die deren Erfahrungsräume erweitern, neue Erfahrungen vorbereiten oder uns gemeinsame Erlebnisse schenken, die tiefer greifen als flüchtige Eindrücke des sonstigen „Reiz-Angebotes".

Schließlich ist gerade die Sprache ein Bereich, auf dem nicht etwa immer der Erwachsene einsame Lernvorsprünge hat. Welche Ausdrucksdimension unsere Sprache hat, das können Kinder uns nicht nur in ihren kreativen Wortschöpfungen verdeutlichen[1], sondern auch in ihrem bewußten Nachfragen.

3. Offensein für wiederholendes Lernen am Jahreslauf

Neben mancher lebendigen Lernerfahrung in Spiel und Alltag hinterlassen vor allem Feste in uns ihre Spuren! Während einförmige Eindrücke verblassen, bleiben sie in ihrer leuchtenden Gestalt unser Besitz. Erfahrungen, die wir in früher Kindheit durch Feste machen, sind von bleibendem Wert, und sie prägen uns. Neben dem alljährlichen Geburtstag gewinnen da vor allem die Feste im Jahreskreis große Bedeutung. Sie kehren immer wieder, dem geliebten Refrain eines Liedes vergleichbar.

Jeder Pädagoge weiß um den Wert der Wiederholung. Aber hier bei den immer wiederkehrenden Jahreskreisfesten geschieht mehr als etwa nur Wiederholung eines Lernstoffes. Weil wir ein schönes Fest mit der Ganzheit unserer Wahrnehmungsmöglichkeiten aufnehmen und auskosten können, sind wir hier mit bewußten und unbewußten Schichten unseres Wesens beteiligt. Dem Refrain-Charakter der Feste im Jahr kommt darum auch tiefenpsychologisch große Bedeutung zu.

Nach tiefenpsychologischer Erkenntnis macht der Mensch nur dort wirklich prägende Erfahrungen, wo auch die unbewußten Strukturen seiner Person mitschwingen können, also über das Bewußtsein hinaus auch

---

[1] Siehe dazu Hedi Friedrich, Auf Kinder hören – mit Kindern reden. Gespräche und Spiele im Kindergarten. (Praxisbuch Kindergarten) Herder, Freiburg – Basel – Wien 1983.

Schichten des Unterbewußten.[2] Eine gottesdienstliche
Feier zum Erntedankfest, zu Advent und Weihnachten
hat nicht nur rationale Wirkung auf uns! Für den Lebensraum Kindergarten gewinnen darum gut gestaltete Feiern
an Bedeutung. Naht dann nach einem Jahr wieder das
gleiche Fest, dann beginnen die Chancen für refrainar-
tige, wiederholende Lernerfahrungen.[3] Im ersten Kindergartenjahr war dies alles noch überwältigend neu.
Abgesehen von einigen wenigen Details blieb zunächst ein
festlich-froher Gesamteindruck. Seine Folge ist im nächsten Jahr eine intensive Erwartungshaltung. Während der
neuen Vorbereitungen zum Fest werden in Gesprächen
manche Erinnerungen vom Vorjahr neu bewußtgemacht.
Da aber in 12 Monaten die kognitiv-emotionalen Fähigkeiten des Kindes weiter gewachsen sind und auch die
sprachlichen Möglichkeiten sich ausgeweitet haben, führt
die „Refrain-Begegnung" zu vertiefenden, zum Teil auch
zu ganz neuen Erfahrungen. Neue Details prägen sich
ein, neue Fragen tauchen auf. Aufgrund der gewachsenen
Fähigkeiten steigen die äußere und innere Teilnahme des
Kindergartenkindes am Fest. Der Erzieher wird auch die
Freude des Kindes, ja seine Sehnsucht nach bestimmten
Ritualen herausspüren, die nahezu unverändert jedes Jahr

---

[2] Der Tiefenpsychologe H. Barz hat über diesen Zusammenhang ausgiebig gear-
beitet. Vgl. dazu seine Ausführungen in: H. Barz, Selbsterfahrung. Kreuz-Verlag,
Stuttgart 1973, Seite 153.
[3] Der Begriff des „refrainartigen Lernens" ist von mir im Konzept der „Katechetischen Spielmappen" (Christophorus- und Kaufmann-Verlag), so vor allem in der
Mappe „Pfingsten entdecken", formuliert und entfaltet worden.
Mit diesen *Spiel- und Arbeitsmappen* von Wolfgang Longardt werden Möglichkeiten aufgezeigt, wie Kinder auf eine ihnen gemäße Art Feste des Kirchenjahres verstehen und feiern können. Durch verschiedene Medien (Dias, Poster, Schallplatte,
Texte) kann dies sehr abwechslungsreich geschehen. Für die Hand der Erzieherin
liegt jeder Mappe ein ausführliches Begleitheft mit Liedern, Erzählungen, Spiel-
ideen, Bildern, Hinweisen und Anleitungen bei. Auch für Kindergottesdienste ent-
halten die Mappen vielfältige Anregungen.
Weihnachten entdecken, 4 Dias, 2 Poster, Begleitheft, Bestell-Nr. 52926. – *Ostern
entdecken,* 3 Dias, Poster, 17 cm-Schallplatte, Begleitheft, Bestell-Nr. 52913. –
Pfingsten entdecken, Übersichtsposter, 3 Poster, Begleitheft, Bestell-Nr. 52914. –
Anvertrautes entdecken, Zum Erntedankfest und für viele andere Tage im Jahr zum
Thema Danken. 2 Dias, 2 Poster, Begleitheft, Bestell-Nr. 52927.

wiederkehren. Das Kind fühlt sich in ritualisierten Abläufen heimisch, es wartet darauf, freut sich über Bekanntes, (spürt) genießt ein Gefühl von Sicherheit („Ich weiß, was jetzt kommt!") und ist doch voller Spannung. Nicht selten wird auch Neues entdeckt, jetzt tiefer verstanden und liebgewonnen.

Das wiederholende „Immer-tiefer-Eindringen" in ein Festthema bietet die Chance, bleibende Erfahrungen zu vermitteln, Bilder in seelische Tiefen sinken zu lassen, die ein lebenslanger Besitz bleiben. Erzieher, die dies erkannt haben, nutzen die Feste und Jahreszeitenimpulse bewußter aus. Wer sich als Erwachsener in diese kreisenden Rhythmen eines Kalenderjahres stellt und Wandel ebenso wie Stetigkeit darin bestaunt, kann Kindern überzeugender wachsende Lernerfahrungen vermitteln und aus neu gestärkter eigener Empfindsamkeit und Betroffenheit ihnen partnerschaftlich entfalten: Unser Leben im Kreislauf der Schöpfung Gottes ist Gabe und Aufgabe.

Stichwortverzeichnis

Lebensraum Kindergarten

Pädagogische Anregungen für Ausbildung und Praxis.

Hrsg. vom Ministerium für Kultus und Sport Baden-Württemberg unter Beratung der freien und kommunalen Trägerverbände der Kindergärten. Mit 86 ein- und mehrfarbigen Fotos und Abbildungen. 270 Seiten. Gemeinsam mit dem Verlag E. Kaufmann, Lahr. ISBN 3-451-19296-9.

Ausgabe Nordrhein-Westfalen: ISBN 3-451-19987-4

„Lebensraum Kindergarten" stellt umfassend die Grundlagen für die pädagogische Arbeit im Kindergarten dar. Das Werk wurde erarbeitet von Pädagogen aus der Kindergartenpraxis und der Erzieher- und Lehrerausbildung auf der Basis umfangreicher Versuchsreihen im Elementarbereich. In seiner Konzeption geht es von einer ganzheitlichen Erziehung und Bildung des Kindergartenkindes aus. Die didaktischen Ansätze der einzelnen Schwerpunkte sind durch die Vielfalt pädagogischer Ausprägungen im Kindergartenbereich bestimmt. Erzieher im Beruf und in der Ausbildung finden in „Lebensraum Kindergarten" eine Fülle von Material.

Inhalt:
Grundlagen – Schwerpunkte der Kindergartenpädagogik: Spielen – Soziales Lernen – Religiöse Erziehung (evangelisch – katholisch) – Sprechen und Sprache – Ästhetische Erziehung – Rhythmisch-musikalische Erziehung – Bewegungserziehung – Erfahrungen mit der Umwelt (Natur und Technik) – Verkehrserziehung – Pädagogische Hilfen für die Arbeit mit ausländischen Kindern im Kindergarten – Vom Umgang mit Kindern, die schwieriges Verhalten zeigen – Ausblick: Vom Kindergarten zur Grundschule.

Durch jede Buchhandlung erhältlich.

Verlag Herder Freiburg · Basel · Wien

Für Ihre tägliche Arbeit

Ruth Bleckmann
Soziales Verhalten im Kindergarten
Die Praxis der kleinen Schritte
158 Seiten, Bestell-Nr. 20122

Hans Herbert Deißler
Alltagsprobleme im Kindergarten
Hilfen für ihre Bewältigung
144 Seiten, Bestell-Nr. 19321

Helga Fischer
Teamarbeit im Kindergarten
Dienstbesprechungen und Planung – erfolgreiche Beispiele für die Praxis
140 Seiten, Bestell-Nr. 19328

Hedi Friedrich
Auf Kinder hören – mit Kindern reden
Gespräche und Spiele im Kindergarten
144 Seiten, Bestell-Nr. 19329

Hermann Große-Jäger
Freude an Musik gewinnen
Erprobte Wege der Musikerziehung im Kindergarten
156 Seiten, Bestell-Nr. 19326

Hermann Große-Jäger
Freude an Musik gewinnen – Tonkassette
Alle Lieder, Kindertänze und Musikstücke zum Buch
Spieldauer 1 Stunde,
Bestell-Nr. 20024

Gisela Hundertmarck (Hrsg.)
Leben lernen in Gemeinschaft
Behinderte Kinder im Kindergarten
144 Seiten, Bestell-Nr. 19322

Norbert Huppertz, Agnes Scholten, Uwe Tolksdorf
Der Kindergarten stellt sich vor
Praxis der Öffentlichkeitsarbeit
128 Seiten, Bestell-Nr. 20124

Wolfgang Longardt
Leben im Jahreskreis 1
Frühling und Sommer im Kindergarten
128 Seiten, Bestell-Nr. 20121

Wolfgang Longardt
Leben im Jahreskreis 2
Herbst und Winter im Kindergarten
128 Seiten, Bestell-Nr. 20123

Gerda Lorentz
Freispiel im Kindergarten
Chancen seines bewußten Einsatzes
128 Seiten, Bestell-Nr. 19330

Christine Merz
Im Kontakt mit Eltern
Ratschläge für die Elternarbeit
128 Seiten, Bestell-Nr. 19323

Helga Müller, Pamela Oberhuemer
Die Welt, die uns umgibt
Erleben – begreifen – gestalten
144 Seiten, Bestell-Nr. 19327

Alexander Sagi
Verhaltensauffällige Kinder im Kindergarten
Ursachen und Wege zur Heilung
141 Seiten, Bestell-Nr. 19324

Georgios und Sigrid Tsiakalos
Ausländische Kinder im Kindergarten
Ihre Umwelt, ihre Probleme, pädagogische Hilfen
143 Seiten, Bestell-Nr. 19325

Durch jede Buchhandlung erhältlich

praxisbuch kindergarten   **Verlag Herder**